ARNOLD GUSTAVS

Die Insel
Hiddensee
Ein Heimatbuch

Edition **Andreae**
Hiddensee

ARNOLD GUSTAVS

Die Insel Hiddensee

Ein Heimatbuch

Mit Zeichnungen von Eggert Gustavs
und einem Nachwort neu herausgegeben von Owe Gustavs

Edition Andreae
Hiddensee

Bibliografische Informationen der Deutschen Nationalbibliothek

Die Deutsche Nationalbibliothek verzeichnet diese Publikation in der Deutschen Nationalbibliografie; detaillierte bibliografische Daten sind im Internet über http://dnb.d-nb.de abrufbar.

ISBN: 978-3-93 98 04-40-6

Edition Andreae Hiddensee, Berlin 2009, Nachdruck 2013
Lexxion Verlagsgesellschaft mbH
Umschlag: Michael Reichmuth, MR Grafik
Satz: Christiane Tozman

Meiner lieben Frau Helene
geb. Lützow
**der treuen Gefährtin meines Lebens
und meiner Arbeit**

Inhaltsverzeichnis

	Seite
An meine Leser	9
Der Ursprung	13
Die frühe Zeit	19
Das Zisterzienserkloster	27
Alte Namen	40
„Wüterich Wallenstein"	47
Kammerrat Giese und die Fayencefabrik	54
Um 1800	61
„Die Siebenundfünfziger"	70
„Die Süder"	74
Hausmarken	81
Als Student auf Hiddensee	85
Der alte Wilde	95
Kampf mit dem Meer	103
„Hol äwer!"	114
Unsere Schulmeister und Ärzte	118
Der verlorene Leichenwagen	127
Allerlei Leute	130
Gerhart Hauptmann	137
Im Winter	148
Quellennachweis	155
Vorwort der Herausgeberin Käthe Miethe (1952/1956)	157

„Unechte Töne" – Ein Heimatbuch und die Zensur......... 159
   Nachwort des Herausgebers 2009

Editorische Anmerkung............................... 199

An meine Leser

Dieses Buch ist ein Hoheslied der Liebe, der Liebe zu einem unsagbar schönen Fleckchen Erde – zu der Insel Hiddensee. Ich kenne dieses Land seit 1896 und bin seit 1903 hier Pfarrer gewesen, 45 Jahre lang. Ich hätte innerhalb dieses Zeitraums wohl von hier fortgehen und, wie man zu sagen pflegt, mich verbessern können. Ich konnte mich nicht trennen. Und ich schätze es besonders hoch, daß ich auch nach meiner Emeritierung die Möglichkeit fand, auf dem „Söten Länneken" zu bleiben. So bin ich mit den ganzen Fasern meines Seins hier festgewurzelt.

Es gab immer Leute, die mich bemitleideten, daß ich hier „verkomme". Ich habe sie stets ausgelacht und ihnen gesagt, sie wüßten gar nicht, was für ein reiches Leben ich auf diesem gottbegnadeten Lande führe. Gefühle der Entbehrung und Entsagung lägen mir himmelweit fern. Ich habe es allzeit als Geschenk empfunden, wenn ich bei meinen Wegen in der Gemeinde an der tosenden Brandung entlangging oder von den Höhen des Dornbusches auf das weite Meer sah. Und ebenso war es mir stets eine Freude, wenn ich zu den Bewohnern in die Häuser trat, sei es von Amts wegen oder zu einem Freundesbesuch. Man kann Hiddensee nur lieben, wenn man gleichzeitig auch die Menschen liebt, die dieses Land bewohnen.

Man sagt, daß alle irdischen Dinge ihr Urbild in der Ewigkeit hätten, Urbilder, die in Vollkommenheit das seien, was die irdischen Dinge nur in Unvollkommenheit abspiegeln können. Danach muß es auch ein himmlisches Hiddensee geben, von dem dieses irdische nur ein schwacher Abglanz ist. Dann möchte ich Gott bitten, daß er mich einst auf dem himmlischen Hiddensee möge wohnen lassen, sei es auch nur in einem kleinen Winkel.

Einer meiner Vorgänger, Martin Wilde (von 1886 bis 1896 auf Hiddensee), pflegte seine Gäste, um ihnen die Schönheit Hiddensees zu zeigen, auf die Höhe des Dornbusches durch den damals noch jungen Wald zu führen. Kurz vor dem Heraustreten aus dem Walde ergriff er sie am Arm und hieß sie die Augen schließen. Erst wenn sie ein paar Schritte vor dem Absturz des Ufers standen, ließ er sie die Augen wieder öffnen. Dann standen die Überraschten urplötzlich vor dem weiten Meer, dessen Wogen 70 Meter unter ihnen am Strande brandeten. Dieser Blick ist wohl das Großartigste, was die Insel an Naturschönheiten zu bieten hat. Wahrhaft überwältigend dieser Meereshorizont von fast 270 Grad! In der Ferne nur unterbrochen durch die weißen Kreidefelsen der dänischen Insel Möen. Um mir diesen Ausblick stets neu zu erhalten und ihn immer mit frischen Sinnen genießen zu können, habe ich es oft monatelang, ja bisweilen einen ganzen Sommer, vermieden, auf die Höhe zu gehen. Diese Schönheit sollte mir nicht alltäglich werden.

Geht man durch den Wald zurück und schaut von der Kante des Waldes nach Süden, so hat man ein ganz anderes Bild: dort die Majestät und Urgewalt, hier die Lieblichkeit und das Idyll. Vor uns liegen die sämtlichen Ortschaften der Insel. Dicht zu unseren Füßen Grieben mit seiner einzigen Dorfzeile. Im Mittelfeld des Blickes Vitte mit seinen drei Straßen, dem Norderende, dem Süderende und der Sprenge. Traumhaft am Horizont verschwimmend Neuendorf, dieses Dorf, dessen Häuserreihen so regelmäßig auf dem Rasen stehen, als ob ein Kind sie aus der Spielzeugschachtel aufgebaut hätte. Ist es ganz klares Wetter, so erscheinen in der Ferne die Türme der alten Hansestadt Stralsund. Mehr zur Linken breitet sich Rügen aus, Deutschlands schönste Insel, mit all seinen Buchten und Höhen in diesem Durch- und Ineinander von Wasser, Land und Wald, ein kleines Abbild von Finnland.

Ja, Hiddensee ist schön, schön zu jeder Jahreszeit und bei jedem Wetter. Besonders schön, wenn im August der wilde Thymian blüht und uns mit seinem würzigen Duft umfächelt. Schön im Herbst, wenn die Klashanicks schreien. Schön im hellen Sonnenschein oder auch, wenn uns der Sturm das Haar zerzaust. Schön in dunkler Nacht, wenn sich die gewaltig ausgreifenden Lichtarme des Leuchtturms über unserem Haupte drehen. Und von dieser Schönheit will ich hier erzählen.

Es gibt ja bereits eine ganze Hiddensee-Literatur. Bei Abfassung dieses Buches habe ich mich bemüht, alles zu vergessen, was andere über Hiddensee geschrieben haben. Ich wollte für mein Buch nur zwei Quellen haben: einerseits die Urkunden der Vergangenheit, die zu einem nicht unwesentlichen Teile erst von mir erschlossen sind – die Schätze des Stadtarchivs zu Stralsund sind mir in entgegenkommendster Weise zur Verfügung gestellt worden –, andererseits meine persönlichen Erinnerungen und vor allem die Erzählungen alter Hiddenseer.

Meine Berichterstatter haben, soweit sie noch leben, jetzt weißes Haar und Runzeln im Gesicht. Ich danke ihnen allen, aber ich kann sie nicht alle nennen. Nur eine darf nicht unerwähnt bleiben: Sophie Frohstadt, die jetzt Neunzigjährige. Sie kann nicht lesen und schreiben. Aber sie verfügt wie alle Analphabeten über einen Gedächtnisschatz, der immer wieder in Erstaunen versetzt. Und sie weiß ihre Berichte vorzutragen wie eine Märchenerzählerin. Es hat alles eine zielbewußte Entwicklung und einen richtigen Schluß. „Fiken" Frohstadt verdanke ich mit das wertvollste Überlieferungsgut aus alter Zeit.

Ich möchte auch die Menschen, die auf Hiddensee gelebt haben und noch leben, lebendig machen. Darum habe ich sie so oft in ihrer plattdeutschen Muttersprache, die auch meine Muttersprache ist, reden lassen. So wollte ich ihre Lebensgewohnheiten und ihre Lebensart bis zu einem gewissen Grade anschaulich machen.

Ich habe dieses Buch geschrieben für alle, die Hiddensee liebhaben oder es liebgewinnen wollen. Ich habe mich bemüht, die vielen Fragen zu beantworten, die im Laufe eines halben Jahrhunderts immer wieder von den Gästen an mich gestellt worden sind. In erster Linie aber habe ich mir beim Verfassen des Buches als Leser meine lieben Hiddenseer vorgestellt, und vielleicht macht gerade diese Einstellung auch den Gästen das Buch lieb und wert. Meine Arbeit ist aus der Liebe zu Hiddensee und seinen Bewohnern geflossen. Und darum hoffe ich, es wird mir kein Hiddenseer böse sein, wenn er sich in diesem Buche wiederfindet.

Möchte ein Teil der Freude, die ich beim Schreiben dieses Buches empfunden habe, sich auf meine Leser übertragen, und möchte es vor allem zu seinem bescheidenen Teil dazu beisteuern, den werktätigen Menschen unserer Heimat die Insel nahezubringen, ihnen den Sinn zu erschließen für die Schönheit dieses Fleckchens Erde und seiner Geschichte, für seine bedrohte Lage inmitten der Wasser und für den jahrhundertelangen, tapferen Einsatz seiner Menschen, diesen Wassern seinen Reichtum an Nahrung abzugewinnen.

Und nun unterzeichne ich diese einführenden Worte mit dem Namen, den mir die Hiddenseer jetzt geben, als

der „alte Pastor".

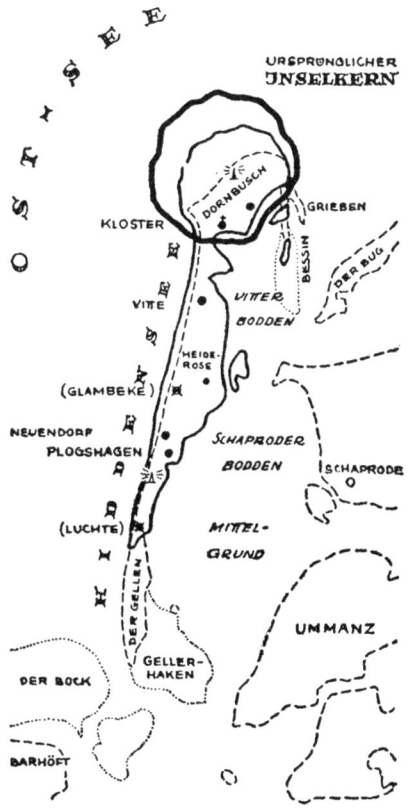

Der Ursprung

Im neunten Jahrhundert nach Chr. Geb.", so erzählte die Sage[1], „als Mönche von Corwey die heidnischen Rügianer zum christlichen Glauben bekehren wollten, reiste einer von den Missionären auch nach Hiddensee und bat am Spätabend in einem Fischerdorfe vor einer Hüttenthür um Einlaß und Aufnahme. Die Eigenthümerin aber wieß ihn, als einen Bettler, trotzig und mit harten Worten zurück, worauf er sich an ihre arme Nachbarin wandte, bei welcher er sogleich Herberge und Verpflegung erhielt. Am folgenden Morgen dankt er der armen Wittwe dafür beim Abschiede mit den Worten: er habe nicht Gold und Silber, um ihr die Bewirthung zu bezahlen, allein ihr erstes Geschäft an diesem Tage solle ihr gesegnet seyn. Derselben nicht achtend, fängt sie unabsichtlich ein Stückchen selbst bereiteter Leinwand zu messen an; als dieses aber an dem Tage gar kein Ende zeigen will und der Verkauf desselben ihr hernach zu gutem Wohlstand verhilft, wird sie des Spruches des Apostels erst recht eingedenk und entdeckt den Grund ihres Glücks der sie ausfragenden Nachbarin. Diese merkt sich vornemlich den Spruch und nimmt den Missionär, der eine ganze Zeit darauf wieder an ihre Thür klopft, mit der größten Bereitwilligkeit auf. Nachdem der Gast am andern Morgen mit den ihr bewusten Worten, das erste Geschäft solle ihr u.s.w. geschieden ist, beschließt sie, sogleich den im Spartopfe gesammelten Mammon zu zählen. Ein Antrieb der Natur, den sie nicht zu Geschäften rechnet, nöthigt sie, vorher hinaus zu gehen, aber augenblicklich äußert die Seegensformel des heiligen Mannes ihre Kraft und Wirksamkeit und zwar so anhaltend, daß davon das Land überschwemmt und von Rügen abgelöst wird."

Nach dieser Sage müßte die Insel Hiddensee einst mit Rügen durch eine Landzunge in Verbindung gestanden haben. Die geologische Forschung erbringt aber den Beweis, daß Hiddensee seit Jahrtausenden eine selbständige Insel war und erst jetzt im Begriff steht, mit Rügen zusammenzuwachsen.

Noch heute ragen auf Rügen als Zeugen des Tertiär mit dem Kreidemeer die Kreidefelsen von Arkona und Stubbenkammer leuchtend aus dem Meer empor. In den Eiszeiten wurde ganz Norddeutschland viele hundert Meter hoch von Eis bedeckt. Die Ausläufer der gewaltigen skandinavischen Gletscher haben sich bis weit nach Mitteldeutschland hinein erstreckt. Das Gebirge der nordischen Länder wurde von den Gletschern zermahlen und ungeheure Schuttmassen als Grundmoränen und Endmoränen nach Süden transportiert. Die erratischen Blöcke, die der norddeutsche Bauer in seinem Acker findet, sind Gäste aus dem Norden, die das Eis mit auf seine Wanderschaft nahm.

Dreimal hat das Eis seine Fracht bei uns abgeladen; auch die Schmelzzeiten der beiden Zwischeneiszeiten haben ihr Werk getan. Ihnen verdanken wir hauptsächlich die Ablagerungen von Sand und Kies. So ist das Grundgebirge von Norddeutschland im Wechsel von Geschiebemergel, Lehm- und Tonschichten und von Sand- und Kiesbänken überdeckt. Die einzelnen Schichten haben oft eine Mächtigkeit von fünf bis zehn, ja bis zu dreißig Meter.

Hätte sich der Erdball in völliger Ruhe befunden, lägen diese Schichten wie in einer Schichttorte gleichmäßig übereinander. Aber die mehr und mehr erkaltende Erdrinde zog sich zusammen und warf Falten. Durch diese tektonischen Vorgänge erfolgten Einbrüche ganzer Schollen, und zwischen den Schollen blieben Horste stehen. Jüngere Schichten wurden von älteren überlagert, viele Schichten wurden aus ihrer horizontalen Lage gebracht und schräg aufrecht gestellt. Am Hochland des Hiddenseer Nordstrandes haben wir ein gutes Anschauungsmaterial von diesen Vorgängen. Die einzelnen Ton- und Lehmschichten, dazwischen die Sand- und Kiesbänke sind leicht zu unterscheiden. Bewegungen unserer Erdrinde haben auch die Kreidefelsen an der Ostküste Rügens emporgepreßt. Dort erheben sie sich am Königsstuhl bis zu 119 Meter, während man in Vitte bei einer Brunnenbohrung erst in 40 Meter Tiefe auf Kreide stieß.

Als sich etwa 7500 v. Chr. die Eismassen allmählich nach Norden zurückgezogen hatten, ragten aus den brandenden Wogen große Lehmmassive heraus, wie mitten in Rügen die Höhen des Rugard und der Granitz, im Norden Wittow und Jasmund, ohne jede Verbindung miteinander, nach Osten zu von den weißen Kreidefelsen umsäumt. Wo jetzt Mönchgut liegt, sah man nur ein paar klobige Lehm- und Tonklötze, das Nordpeerd und das Südpeerd, sowie den Bakenberg, an dessen Fuß jetzt Groß-Zicker liegt. Von Hiddensee war nur das Hochland des Dornbusches vorhanden, sicher um ein mehrfaches größer als heute. Und zwischen all diesen Rudimenten bestand keinerlei Zusammenhang. Es waren disjecta membra der diluvialen Schicht, welche die Eiszeiten geschaffen hatten.

Nun begann das Meer seine Arbeit. Es umspülte das Dornbuschmassiv von allen Seiten. Lange vermochte das verhältnismäßig weiche Material dem Einfluß der Wogen nicht standzuhalten. Die Ufer wurden angenagt. Ton und Lehm lösten sich auf und färbten das Wasser gelblich, wie es noch heute bei starken Nordostwinden geschieht, während die unlöslichen Bestandteile, wie Kies und Sand, herausgewaschen und durch die See weiterbefördert wurden. Diese Sand- und Kiesmassen setzten sich ab, sobald sie in ruhiges Wasser kamen, je nach der Windrichtung, entweder an der Südwestecke oder der Südostecke des Hochlandes. So wuchs allmählich das Flachland aus dem Wasser empor. Da der Kern damals von allen Seiten frei im Wasser stand, war auch die Südseite dieser abradierenden Wirkung ausgesetzt. Ein Zeugnis dafür ist der Steilabfall des Schwedenhagen, der sich freilich bald festigen konnte, nachdem sich im Westen eine Sandbarre gebildet hatte. Eine ähnliche Formation weist der Ostabhang des Bakenberges auf Mönchgut auf, der auch zunächst abgewaschen wurde und zur Ruhe kam, nachdem die sich zwischen Lobbe und Thiessow hinziehende Düne entstanden war. Überhaupt bietet gerade der südliche Teil von Mönchgut eine gute Parallele zur Entstehung von Hiddensee.

Aus den von Norden her verfrachteten Sand- und Kiesmassen haben sich nun im Laufe der Jahrtausende der südliche Teil der Insel und die Halbinsel Alt-Bessin gebildet. Das südliche Flachland muß schneller gewachsen sein, denn die Halbinsel Alt-Bessin ist auf den alten Karten von Firenze (1574) und von Mercator (1595) noch nicht vorhanden, während die Karten von Lubin (bald nach 1600) und von Homman (etwa 1700) den Alt-Bessin als zwei kleine Inseln darstellen. Das Anwachsen des Gellens ging wesentlich schneller vor sich und vollzieht sich sogar heute noch in ziemlich raschem Tempo, wie seit etwa hundert Jahren durch Messungen und Peilungen nachgewiesen worden ist.

Die einzelnen Entwicklungsstadien verlaufen etwa folgendermaßen: Zunächst bilden sich unter dem Wasserspiegel Schaare (Sandbänke), die sich allmählich über die Wasserfläche erheben und schließlich Pflanzenwuchs erhalten. Am Bessin ist besonders deutlich zu verfolgen, wie sich dieses Anwachsen gleichzeitig mit einer fortschreitenden Verlandung verbindet. Zuerst entwickeln sich neue Landzungen, die schräg nach Süden vom Körper der Halbinsel aus ins Meer vorstoßen. So hat man im Laufe der letzten zwanzig Jahre das Entstehen einer solchen Landzunge am Bessin genau beobachten können. Je mehr die Spitze dieser neuen Halbinsel in den Strom gerät, um so mehr wird die Spitze dem Land zu umgebogen, bis endlich ein Zusammenstoßen mit dem Lande erfolgt und eine Lagune geschaffen ist. Wasserpflanzen erobern sich bald den entstandenen Tümpel, der in langsamem Prozeß auswächst und zuletzt ein mit Schilfrohr bestandenes Gelände darstellt. So ist der Bessin in seiner ganzen Breite wechselweise zusammengesetzt aus Sandbänken, die sich mit Gebüsch von Seedorn besamt haben, und aus Sümpfen, die mit Schilf bestanden sind und je nach ihrem Alter eine größere oder geringere Bodenfestigkeit aufweisen. Dieser systematische Wechsel ist gut zu beobachten, wenn man von Grieben kommend den Fußweg zum Strande des Libben geht. Abwechselnd führt dieser Weg über sandige Bodenwellen und durch feuchte Niederungen mit Rohrbeständen.

Der Verlandungsprozeß des südlichen Schwanzes von Hiddensee ist ähnlich vor sich gegangen. Im Schutze der zuerst entstandenen Düne hob sich allmählich Sumpf- und Wiesengelände aus dem Wasser empor. Freilich bildeten sich auch auf der Binnenseite Dünenwälle, wie im Dorfe Vitte der eine, auf dem die Häuser des Norderendes und des Süderendes erbaut sind, und als der zweite in der Mitte des Dorfes abzweigend der Sprengberg, der sich am Bodden noch fast bis zur Fährinsel fortsetzt. Man muß sich vorstellen, daß zwischen diesen beiden Rücken zunächst Wasser war und das Dreieck, das im Volksmunde der „Keil" (plattdeutsch „Kiel") heißt, mit der Zeit auswuchs, vertorfte und zu Wiese und Ackerland wurde.

So wie auf Hiddensee hat die Bildung von Haken und Nehrungen sich auch zwischen den übrigen diluvialen Landmassiven von Rügen vollzogen, beispielsweise die Schaabe zwischen Wittow und Jasmund, und auch die schmale Heide. Und so entstanden endlich die Landbrücken zwischen den einzelnen Kernen von Mönchgut, wo ansehnliche Reste von Sümpfen zu finden sind, die noch nicht völlig zu Land geworden sind. Vor allem das Stück zwischen Philippshagen und Lobbe, das durch einen festen Damm gangbar gemacht werden mußte und im Lobber See noch den Endkampf zwischen Wasser- und Verlandungspflanzen vor Augen führt.

Nur einige Jahrhunderte noch, dann wird Hiddensee mit Rügen zusammengewachsen sein. Da die Rinne zwischen dem Bug und dem Alt-Bessin nicht mehr durch Bagger offengehalten wird, werden sich in nicht allzu ferner Zeit der alte Bessin und der Bug brüderlich die Hand reichen. Man wird von Wittow zu Fuß nach Kloster gehen können. Ein Gleiches würde wahrscheinlich in noch kürzerer Zeit zwischen Barhöft und dem Gellen geschehen, wenn nicht das ganze Jahr hindurch gearbeitet würde, diesen Schiffahrtsweg nach Stralsund offenzuhalten. Denn von der pommerschen Küste streckt der Bock seine Finger nach dem Gellen aus. Käme diese letzte Landverbindung zustande, hätte Rügen seinen Inselcharakter verloren.

Die frühe Zeit

Überall, wo es gelingt, zur Urzeit eines Volkes vorzudringen, treffen wir auf eine Kulturstufe, in der die Menschen ihre Werkzeuge und Waffen aus Stein herstellten. Es bedurfte eines langen Zeitraums, bis Metall zur Bearbeitung kam. Das Material der primitiven Kulturen ist der Feuerstein, der leicht auf Schläge splittert und sich zu den verschiedensten Formen herrichten läßt. Das erste steinerne Werkzeug war der Faustkeil, der die Schlagkraft der Menschenhand erhöht. Er erfuhr in der älteren Steinzeit, dem Paläolithicum, seine klassische Form, die uns am besten aus den wundervollen Höhlenfunden Südfrankreichs bekannt geworden ist. Nun war freilich zu jener Zeit Norddeutschland noch viele hundert Meter hoch von Eis bedeckt. Auf Rügen und somit auch auf Hiddensee beginnt die Steinzeit erst mit dem mittleren Abschnitt jener Kultur, dem Mesolithicum. Doch die Entwicklung der Steinwerkzeuge fing auch im Mesolithicum mit dem Faustkeil an.

Auf unserer Insel sind diese grob zugeschlagenen, aber auch feiner ausgearbeiteten Faustkeile gefunden worden. Ebenso Hämmer und Beile, die Werkzeuge, mit denen der Mensch die Hebelwirkung seines Armes vergrößern lernte. Hiddensee hat eine bedeutende Zahl solcher mesolithischen Kernbeile, die durch Entfernen der überflüssigen Teile aus einem Feuersteinkern herausgeschlagen worden sind, geborgen. Sie unterscheiden sich von den neolithischen Beilen dadurch, daß sie einen rhombischen Querschnitt haben, während der Querschnitt der Beile der jüngeren Steinzeit rechteckig ist.

Das Mesolithicum stellte seine Werkzeuge allein mit dem nüchternen Blick auf die Zweckmäßigkeit und Brauchbarkeit her. Der jüngeren Steinzeit, dem Neolithicum, aber ging es auch um gefällige Formen. Bei den Beilen dieser Entwicklungsstufe wird durch kleine Schläge, die eine ebenmäßige Muschelung erzielen, alles überflüssige Fleisch beseitigt. Die Schneide ist nicht mehr durch ein paar Zufallsschläge entstanden, sondern in feiner Retusche gleichmäßig ausgearbeitet. Der auffallendste Unterschied ist der Schliff der Werkzeuge, den die Steinzeitmenschen Rügens wahrscheinlich aus Dänemark entlehnt haben. Sie bedienten sich einer Sandsteinplatte, deren allmählich sich vertiefende Schleifrinne mit Wasser benetzt wurde. Es mag gelegentlich zum Schleifen auch Kies beigefügt worden sein. Ein solcher Sandstein mit schönen Schleifbahnen ist in dem Großsteingrab von Alt-Reddevitz auf Mönchgut gefunden worden.

Waffen und Werkzeuge, wie Hämmer, Beile, Meißel, Messer, Bohrer, in allen Stadien des Schliffes, hat uns die Insel Hiddensee bewahrt. Zunächst wurde allein die Schneide leicht angeschliffen, dann das ganze Stück blank poliert. Nur die schwungvoll gearbeiteten Sichelmesser und Lanzenspitzen erfuhren keinen Schliff, weil sie bei dieser Arbeit wohl zu leicht zerbrochen wären. Der Höhepunkt der Präzision ist schließlich die mit vollkommener Kunst zugeschlagene kleine Pfeilspitze, deren Herstellung unendliche Mühe verlangte. Dieses Wunderwerk jener Zeit mußte bei einem einzigen Schuß auf einen Vogel im Walde oder im Sumpfe verlorengehen.

In ungewöhnlich großer Zahl treten auf Hiddensee Schaber auf, die wohl zum Schuppen der Fische und zur Fellbereitung gedient haben werden. Teilweise zeigen diese Schaber nur eine sehr geringe Bearbeitung. Die Rinde des Steins ist nahezu unangetastet geblieben, nur der Rand sieht wie abgenagt aus. Es gehört also schon ein geübter Blick dazu, um solch ein Stück Stein überhaupt als ein von Menschenhand bereitetes Werkzeug zu erkennen. Häufig sind aber auch Rundschaber, dünne Feuersteinscherben, die rundherum mit einer Art Kratzschneide versehen worden sind. Ein besonders schöner Löffelschaber, ein Stein, der oben einen Handgriff hat und unten in einer Art Löffel endet, ist in der Sammlung Hiddenseer Steinwerkzeuge zu bewundern.

Ebenso zahlreich wie Schaber sind auch die sogenannten prismatischen Messer. Sie wurden durch einen Schlagstein von einem Kernstück abgeschlagen und weisen meist überaus scharfe Kanten auf, an denen man sich heute noch leicht schneiden kann. Kernstücke mit dazugehörenden Schlagsteinen sind ebenfalls in der Hiddenseer Sammlung ausgestellt.

Das von Menschenhand geformte Werkstück läßt sich mit erheblicher Sicherheit von den durch Zufall gespaltenen Feuersteinen unterscheiden. Das Werkstück zeigt im allgemeinen keine Rinde mehr; zum Zuhauen des Stücks wurde zuerst eine glatte Oberfläche geschaffen. Ein zweites Merkmal ist der Schlagbuckel. Infolge des Aufprallens des Schlagsteines bildete sich an dem oberen Ende ein muschelförmiger Buckel, der oft noch mit parallelen Kreislinien überzogen ist. Endlich kann man bei vielen Werkstücken die Schlagnarbe vorfinden. Beim Herabrutschen an der Bruchfläche riß der Schlagstein ein kleines Stückchen Stein mit ab, das diese Narbe zurückließ. Dieses Merkmal ist allerdings durchaus nicht immer vorhanden.

Im Laufe von vier Jahrzehnten habe ich eine umfangreiche Sammlung von Steinwerkzeugen zusammengebracht, die ziemlich alle typischen Formen der mesolithischen und neolithischen Zeit enthält. Sie befindet sich im Besitz der Biologischen Forschungsanstalt Hiddensee und ist dort zum Studium zugänglich.

Man kann auch heute noch auf Hiddensee manche gute Funde machen. Freilich, die großen, schönen Stücke, wie Beile,

Lanzenspitzen, Dolche und ähnliches, ruhen tief in der Erde und werden nur hin und wieder durch den Pflug an die Oberfläche gehoben. Doch Schaber und prismatische Messer liegen an verschiedenen Stellen offen zutage. So findet sich unterhalb des Leuchtturms ein neolithischer Arbeitsplatz, auf dem man vornehmlich unfertige oder mißlungene Stücke und Absplisse, sozusagen steinzeitliche Hobelspäne, aufsammeln kann. An der südwestlichen Kante des Hochlandes, gleich hinter der Hucke, zieht sich etwa einen Meter unter der heutigen Oberfläche eine alte Kulturschicht hin. Hier habe ich vor Jahren eine neolithische Feuerstelle ausgegraben, in der geschwärzte Herdsteine noch regelmäßig beieinanderlagen. In dieser Schicht sind mühelos allerlei Absplitter aufzulesen. Und wenn man Glück hat, findet sich auch ein vollendeter Schaber oder ein prismatisches Messer.

Dieser Schicht gehören auch Tonscherben an. Leider sind auf Hiddensee keine vollständigen Gefäße gefunden worden, sondern nur neolithische Scherben von dickwandigen Gefäßen, noch ohne Töpferscheibe hergestellt. Der Ton ist schlecht geschlämmt und enthält hin und wieder kleine Steine. Auch der Brand ist unvollkommen. Meist ist nur die Außenseite scharf gebrannt; die Innenseite hebt sich durch grauere Farbe von der braunen Außenhaut ab.

Im Laufe des zweiten Jahrtausends wurde die Steinzeit von der Bronzezeit abgelöst, oder besser gesagt, in die Steinzeit schob sich allmählich in immer wachsendem Maße die Bronze hinein. Da Norddeutschland arm an Metallen ist, kamen die Bronzewerkzeuge zunächst in fertigem Zustande durch wandernde Händler aus dem Süden zur Ostseeküste. Die blanken, glänzenden Waffen und Werkzeuge sind in den ersten Zeiten gewiß nur in die Hände der Vornehmen gelangt. Auch als man dazu überging, die Bronzemasse einzuführen und selber den Guß vornahm, kamen Bronzegeräte nur langsam zu allgemeiner Verbreitung. Die alten Steinwerkzeuge sind noch lange Zeit nebenher in Gebrauch geblieben, zumal in so entlegenen Gegenden wie Hiddensee. Mir sind nur einige Bruchstücke von bronzenen Halsringen, den sogenannten Vendelringen, und von zwei Tüllenbeilen begegnet, die der spätesten Periode der Bronzezeit auf Hiddensee angehören. Sie haben ein so kleines Format, daß sie kaum zu ernsthafter Arbeit verwendet worden sind und wohl mehr als Prunkwaffen dienten.

Als Stein und Bronze noch nebeneinander bestanden, nahmen die gefälligen Formen der Bronzegeräte sichtlich Einfluß auf die Herstellung der Steinwerkzeuge. Auf dem großen Stück oberhalb des Schwedenhagen ist ein schöner Steindolch gefunden worden, der diese Beeinflussung deutlich aufzeigt. An den Dolchen der neolithischen Periode ist der Griff gradlinig, nur mit einer Kante versehen, damit der Dolch besser in der Hand haftet. Hier dagegen ist dem Handgriff die schöne geschwungene, einbuchtende Linie des Bronzedolches verliehen worden.

Es ist nicht allzuviel, was der Erdboden uns über die Vorgeschichte unserer Insel berichten kann. Aber wir wissen jedenfalls, daß auch damals arbeitende Menschen hier gewohnt haben; zwar nur auf dem Hochland, da das Flachland noch nicht vorhanden war, daß sie von Jagd und Fischfang lebten und nach und nach Ackerbau und Viehzucht zu treiben begannen. Wir haben Achtung vor der Mühe und dem Fleiß, ja, auch vor der Kunstfertigkeit und dem immer mehr wachsenden Schönheitssinn jener Menschen, von denen uns nur ihre Gerätschaften Kunde geben.

Erst in der Bronzezeit lichtet sich das Dunkel, das in der Steinzeit noch über den Herstellern der Werkzeuge liegt. Hart an der Grenze der Geschichte stehen einige bemerkenswerte Hiddenseer Funde. Da ist zunächst das Grab einer reichen Germanenfrau aus dem Anfang des dritten Jahrhunderts n. Chr. zu nennen, das im Jahre 1905 durch einen Uferabsturz freigelegt worden war und von dem Leuchtturmwärter Emil Wenzlaff geborgen wurde. Dr. W. Petzsch[2] beschreibt diesen Fund: „Die Grabausstattung der in unserem Grabe beigesetzten Germanin ist ungewöhnlich reich: der Leichenbrand wurde in einem besonders schönen und kostbaren Haushaltungsgerät, einem ‚Henkelgußgefäß' beigesetzt; das Beigefäß barg wohl die Wegzehrung. Bronzekasserolle, Napf und Henkelkännchen gehörten vermutlich zum Tafelgeschirr. Die beiden Spinnwirtel gaben ihr die Möglichkeit, im Jenseits die altgewohnte Tätigkeit des Spinnens auszuüben; die verschiedenen Gürtelbestandteile halfen ihr, für standesgemäße Kleidung zu sorgen, und das Kästchen, das ihr mitgegeben wurde, enthielt ihren Schmuck aus Edelmetall. Es ist erstaunlich, eine so fürstliche Ausstattung auf der von allem Verkehr so abgelegenen Insel zu finden."

Erstaunlicher noch sind die Goldfunde, die mit der Insel in Zusammenhang stehen. Am 24. Juni 1888 fand der Strandvoigt Johann Schluck aus Kloster beim Steinezangen hinter der Hucke an der Nordwestseite des Dornbusches in 5 bis 6 Meter Wassertiefe einen massiven goldenen Armring, der 682 Gramm wog. Der Ring hatte eine ovale Form. Nach der Mitte der einen Langseite verjüngen sich die Schenkel ein wenig und münden in die geöffneten Rachen zweier Delphinköpfe, deren Hälse durch punktierte Bänder miteinander verbunden sind. Die ganze Arbeit weist auf den Norden als Ursprungsland des Kunstwerkes hin. Als Zeit ist das frühe Mittelalter, etwa das 6. oder 7. Jahrhundert, anzunehmen. An den Fund des Ringes knüpfte sich zunächst ein Rechtsstreit, da sowohl der Finder als auch das Kloster zum Heiligen Geiste in Stralsund, endlich auch der Fiskus Anspruch auf den Besitz des Ringes erhoben. Den Sieg trug der Finder davon, der den kostbaren Ring an das Völkerkundemuseum in Berlin für den Preis von tausend Talern verkaufte. Ich habe bei einem Besuch im Völkerkundemuseum diesen Ring in der Hand halten und genau betrachten dürfen. Nun liegt er unter Bombentrümmern zusammen mit allen anderen Schätzen des Museums. Vielleicht werden später an der Stelle des Museums einmal Ausgrabungen vorgenommen. Möge dann der Ring in alter Schönheit wieder ans Tageslicht kommen!

Einer der kostbarsten Schätze, den die Ostseeküste an Altertümern hergegeben hat, ist der Goldschmuck von Hiddensee, der nach der Sturmflut von 1872 zutage kam.

Über die Fundgeschichte, die bereits von allerlei Sagen umsponnen ist, berichtet Dr. Rudolf Baier, der verdienstvolle Begründer des Stralsunder Heimatmuseums[3]: „Goldschmuck von Hiddensoe (Rügen), bestehend aus 14 zu einem Brustschmucke gehörenden Hängestücken, einer schildförmigen Scheibenfibula und einem Halsringe. Die Fundstelle befindet sich auf dem südlichen, langgezogenen, schmalen und niedrigen Theile von Hiddensoe, beim Dorfe Neuendorf. Die einzelnen Stücke des Schmuckes sind im Laufe von beinahe zwei Jahren gefunden; das erste am 14. November 1872, dem Tage nach der Hiddensoe heimsuchenden Sturmfluth und zwar im Sande liegend, an einer Stelle des Strandes, von welcher die Düne weggespült war. Bei späterem Nachsuchen an jener Stelle, Pfingsten 1873, wurden dann sieben Stücke beisammen gefunden. Erst das folgende Jahr 1874 brachte neue Funde, nachdem am 10. Februar wiederum eine Sturmfluth das Land verheert hatte. Sämmtliche Stücke wurden entweder auf der Oberfläche liegend oder 1 – 2 Zoll tief im losen Sande gefunden, auf einem von Nordost nach Südwest laufenden, 180 Fuss langen und kaum 4 Fuss breiten Landstreifen. Diese Richtung des Fundterrains von Nordost nach Südwest, der herrschenden Richtung der Stürme, durch welche die Sturmfluthen verursacht waren, entsprechend, beweist, dass der Schmuck aus dem Innern der Insel herausgespült, nicht vom Meere ausgeworfen ist. Die ursprüngliche Lage im Innern der Insel wird auch durch den in einigen Hängestücken noch haftenden moorigen Staub bestätigt, während sich an ihnen, wenn sie aus dem Meere gekommen wären, Sand befunden haben würde. Wahrscheinlich lag der Fund in einer Urne, wofür der Umstand spricht, dass der Halsring in doppelter Windung zusammengebogen war, wie wenn er in ein Gefäss von bestimmter Grösse hätte untergebracht werden sollen. Das in der Ornamentation der Fibula und der Hängestücke durchgehende Motiv ist der Eulenkopf, von welchem phantastisch verschlungene Windungen auslaufen. Diese Windungen stellen sich auf der Fibula, von vier in der Mitte einander gegenüber gestellten Köpfen

ausgehend, als Drachenleiber dar, welche in zweizehige Klauen endigen."
Als Zeit der Anfertigung dieses Schmuckes wird man das zehnte Jahrhundert ansetzen können. Die Ornamente weisen nach dem Norden. Bei Schmuckstücken, deren Herkunft aus dem Norden zweifelsfrei ist, finden sich ebenfalls diese verschlungenen Bänder mit Vogel- und Tierköpfen verziert. Sie tauchen später in den Holzschnitzereien der alten norwegischen Stabkirchen wieder auf. Übrigens zeigen die Hängestücke des Schmuckes in kunstvollster Ausführung noch die Granulation. Das heißt, auf dem Schmuck sind winzig kleine Goldkörnchen angebracht. Diese Technik ging der Goldschmiedekunst verloren und ist erst in diesem Jahrhundert wiedergewonnen worden.

Das Zisterzienserkloster

Als der dänische König Waldemar und sein streitbarer Bischof Absalon im Jahre 1168 die wendische Tempelburg Arkona erobert und die Fürsten und Edlen der Ranen zur Unterwerfung gezwungen hatten, begann sofort die Christianisierung der Insel Rügen. Daneben ging in schnellem Tempo die Urbarmachung und Kultivierung des zum großen Teile wüsten Landes her. Hier wie überall im Osten hat der Zisterzienserorden sich große Verdienste erworben.

Nach der Überwindung des Heidentums wurde bereits 1193 in Bergen auf Rügen ein Zisterzienser-Nonnenkloster gegründet. 1199 folgte das Kloster Eldena bei Greifswald und 1231 Neuenkamp an der Stelle des heutigen Städtchens Franzburg. Als Tochterniederlassung von Neuenkamp trat 1296 das Kloster Hiddensee ins Leben.

Der Fürst Wizlaw II. schenkte nämlich im Jahre 1296 dem Kloster Neuenkamp die ganze Insel Hiddensee, „wie sie rings vom Salzmeere umflossen wird". Er fügte dazu noch das Fischereirecht zwischen Hiddensee und Rügen in der Länge der Insel und untersagte jedem, ohne Erlaubnis des Klosters dort zu fischen. Außerdem verkaufte Wizlaw dem Kloster die ganze Insel Zingst, die damals noch reiche Waldbestände hatte.

Nun war freilich Hiddensee, als es den Mönchen überwiesen wurde, kein unbewohntes Gebiet mehr. Es gab Kolonisten, die Eigentümer des Landes waren. So beanspruchten Ingifrid, die Witwe des Andreas Erlandson, und ihr Sohn, der Ritter Andreas, den Besitz der Hälfte der Insel mit der vollen Gerichtsbarkeit. In einem Vergleich, der 1297 zustande kam, erwarb das Kloster Neuenkamp ihre Güter, die ziemlich umfangreich gewesen sein müssen; denn das Kloster mußte Ingifrid und ihrem Sohn das Recht zugestehen, das Brennholz für ihren Hof in Schaprode von Hiddensee zu holen und den Bewohnern des Dorfes das Reisig zu überlassen. Ferner durften sie zinslos ihre Schweine zur Mast auf die Insel treiben, die Fischerei zur Hälfte ausüben und die Hälfte der gestrandeten Güter, der „Todrift", behalten. Selige Zeiten, da noch Leute von außerhalb ihr Brennholz von Hiddensee holen konnten, während heute die Hiddenseer stundenlang segeln müssen, um mühselig Holz herbeizuschaffen!

Auch in geistlicher Hinsicht war Hiddensee kein Vakuum. Die Insel war nach Bekehrung der Heiden zum Christentum dem Pfarrer von Schaprode unterstellt worden, der für seine Tätigkeit natürlich Einkünfte von den Bewohnern Hiddensees bezog. Darum erhob der Pfarrer Wulfard von Schaprode Einspruch gegen den Bau des Klosters, dem er auch sinnbildlich dadurch Ausdruck gab, daß er ein Steinchen in den begonnenen Bau werfen ließ. Mit dieser Stellungnahme des Pfarrers hing es wohl zusammen, daß die erhofften frommen Schenkungen der Inselbewohner an das Kloster ausblieben, so daß das Kloster Neuenkamp sich genötigt sah, der neuen Abtei noch drei Salzpfannen in der Saline zu Lüneburg zu überlassen; damals ein sehr einträglicher Zuschuß. Schließlich wurde auch hier ein Ausgleich geschaffen, der wahrscheinlich durch ein Entgegenkommen des Pfarrers begünstigt wurde. Wind und Wetter hatten ihn oft daran gehindert, seine seelsorgerlichen Pflichten an den Hiddenseern in ausreichendem Maße zu erfüllen. Es war verschiedentlich vorgekommen, daß Kinder ohne Taufe und Erwachsene ohne die letzte Ölung und Kommunion hatten sterben müssen. So verzichtete Wulfard auf die Seelsorge zugunsten des Klosters und erhielt bis an sein Lebensende eine jährliche Rente.

Nun konnte sich die neue Abtei des Heiligen Nikolaus, der der Schutzpatron der Schiffer war, ungestört entwickeln. Der Bischof von Roeskilde, zu dessen Sprengel Rügen gehörte, hatte schon 1296 die Genehmigung zum Bau erteilt und verlieh dem Abte das Recht, den Bischofsstab zu tragen. Da die eigentliche Klosterkirche vornehmlich für die Insassen des Klosters bestimmt war, wurde für die Bevölkerung vor den Toren des Klosters eine Kapelle errichtet. Außerdem wurde auch auf dem Gellen, dem südlichen Teile der Insel, eine Kapelle gebaut, die 1302 in Gebrauch genommen wurde. Auf der Südspitze der Insel, die den Namen Gellen trägt, war im Einvernehmen mit der Stadt Stralsund ein Leuchtturm gebaut worden, für den das Kloster die Wache stellte und die Beleuchtung liefern mußte. Das Leuchtfeuer sollte vom 8. September bis zum 1. Mai brennen. Gleichzeitig wurden dort ein Bollwerk errichtet und ein Hafen geschaffen.

Man muß sich darüber klar sein, daß der einzige Seeweg nach Stralsund an Hiddensee vorbeiführte, denn das Landtief, durch das Stralsund auch von Osten zugänglich wurde, ist erst durch die Sturmflut von 1309 entstanden, die die Landverbindung zwischen Mönchgut und Vorpommern fortriß. Vordem mündete die Peene bei Barhöft.

Der Priester, den der Abt nach der Kapelle auf dem Gellen sandte, hatte die ausdrückliche Aufgabe, den Schiffern und den aus fremden Landen nach Hiddensee Kommenden die Messe zu lesen und die Sakramente zu reichen.

Im ganzen hat das Leben im Kloster einen friedlichen und ruhigen Verlauf genommen. Freilich fehlte es nicht an einzelnen Heimsuchungen. Im Jahre 1373 wurde das Kloster durch eine Feuersbrunst erheblich geschädigt. Die Kosten der Wiederherstellung waren so groß, daß für die Bewirtung von Fremden und die Almosen für die Armen nach den Vorschriften des Ordens nicht hinreichend gesorgt werden konnte. Auch im Jahre 1389 wurde das Kloster durch Feuer teilweise vernichtet. Das Archiv, das in einer Kiste in der Bursaria verwahrt wurde, konnte gerettet werden. Unerfreulich waren die hin und wieder auftretenden Streitigkeiten mit den Fischern von Stralsund, Barth und Rügen. Durch das unmäßige Fischen mit unerlaubt großen Netzen war 1371 ein derartiger Tiefstand im Fischereiertrage eingetreten, daß das Kloster kaum mehr genug Fische für den eigenen Bedarf erhielt. Es einigte sich daher mit der Stadt Stralsund dahin, daß diese großen, Zeesen genannten Netze nicht mehr gebraucht werden sollten. Das Verbot geriet aber bald in Vergessenheit. Als nun das Kloster seine Leute zu den Fischern schickte, um sie zur Rede zu stellen, wurden die Mönche beschimpft, verwundet und gefangengenommen, des Skapuliers und der Kleidung beraubt. Die Gefangenen wurden nach Stralsund befördert. Dort brachte sie der Bürger Erich Braunschweig vor der aufgeregten Menge in seinem eigenen Hause in Sicherheit. Aber der Bürgermeister Bertram Wulflam befahl, die Mönche und Knechte in den Stadtstall (stabulum oppidi) zu werfen. Hier wurden sie mit Stock und Ketten gebunden. Nur durch die Vermittlung einflußreicher Bürger gelang es, sie wieder in Freiheit zu setzen. Die Mönche erhoben Klage bei den Herzögen und erreichten, daß der Bürgermeister und mehrere Ratsherren sich in das Haus des Abtes von Hiddensee in Stralsund begaben und diesen um Entschuldigung baten, auch versprachen, niemals wieder zuzulassen, daß die sundischen Fischer in den Gewässern des Klosters ohne Erlaubnis fischten. Die Zwistigkeiten mit den sundischen Fischern wiederholten sich jedoch, wie nicht anders zu erwarten war, und selbst gelegentliche Prügeleien blieben nicht aus.

Die Fischerei war allerdings nur eine Nebenbeschäftigung der Mönche, um sich die nötige Fastenspeise zu beschaffen. In der Hauptsache sollten die Insassen des Klosters neben dem Gebet ihre Tage mit Landarbeit zubringen.

Der Grundbesitz des Klosters außerhalb der Insel war nicht erheblich. Er beschränkte sich vornehmlich auf das Hinterland von Schaprode und Trent sowie auf einige Güter auf der Halbinsel Wittow. Gemäß der Ordensregel hatten die Mönche zusammen mit den Laienbrüdern den Acker selbst zu bestellen. Das war bei dem weit verstreuten und entlegenen Besitz kaum möglich. Auch wird sich im Laufe der Zeit wohl eine Neigung zu bequemerem Leben und eine gewisse Lässigkeit in der Erfüllung der Pflichten eingeschlichen haben. Darum ging das Kloster von der Eigenwirtschaft mehr und mehr zur Verpachtung über. Den Mönchen wurde die Mühe der Beackerung genommen, die Einnahmen konnten gleichmäßiger fließen.

Ernsthafte wissenschaftliche Arbeit haben die Zisterzienser nie betrieben. Trotzdem zeigte das Kloster sein Interesse für geistige Bildung, steuerte zur Gründung der Universität Greifswald bei und entsandte gelegentlich auch einen Mönch dorthin zum Studium. Wir wissen auch von einer kleinen Klosterbücherei.

Das Kloster war gehalten, Wohltätigkeit zu üben, die sich vornehmlich auf die Verteilung von Almosen beschränkte. Aber daß ein infirmarium, ein Krankenhaus, errichtet wurde, hören wir bereits aus den ersten Tagen des Klosters. Über die Anzahl der Mönche, die jeweils dem Kloster angehörten, wissen wir nichts. Es ist uns nur bekannt, daß neben dem Abte ein Prior und ein Unterprior für die Innehaltung der Ordnung und der Gebetszeiten eingesetzt waren. Ein Bediener und ein Unterbediener sorgten für die Ernährung. An der Klosterpforte wachte der Pförtner. Der Bursar hatte die Finanzen unter sich und vertrat das Kloster in wichtigen Angelegenheiten nach außen. Auch war er wohl der Archivar; wenigstens lagen die Urkunden in einer Kiste verpackt in der Bursaria.

Am Anfang des 16. Jahrhunderts blies die Reformation wie ein frischer Wind in so manche Stagnation des Mittelalters. In Stralsund machten sich 1522 die ersten gegenkatholischen Bestrebungen bemerkbar, die bald in heiße religiöse und soziale Kämpfe übergingen. Von Stralsund drang alsbald die reformatorische Lehre nach Rügen hinüber und pochte auch an die Klostermauern von Hiddensee. Am 3. Juni 1525 ließen die

Pommernherzöge ein Verzeichnis der Kleinodien und seidenen Gewänder des Klosters aufstellen. Ein Teil der Werte wurde dem Abte belassen, das übrige wurde nach Wolgast ins Herzogsschloß geschafft, wo die Kleinodien in der Schlafkammer des Herzogs in einem Kasten Aufbewahrung fanden. Es nimmt wunder, daß noch im Jahre 1527 die Herzöge Georg und Barnim XI. dem Kloster alle Privilegien und Gerechtsame bestätigten. Doch das konnte nicht verhindern, daß kurz vor dem Jahre 1529 aufgeregte Menschenmengen aus Stralsund nach Hiddensee drangen und dort großen Schaden anrichteten. Nach den tumultarischen Anfängen der Reformation in Pommern brachte endlich der Landtag von Treptow a. R. im Jahre 1534, auf dem die Reformation in Pommern offiziell eingeführt wurde, wieder Ruhe und Ordnung. Die Mehrzahl der Klöster, darunter Hiddensee, wurden säkularisiert und gelangten in den Besitz der Herzöge. Die Insassen der Klöster zogen aus und zerstreuten sich. Einige nahmen die neue Lehre an und wurden Prediger. Von etlichen wird berichtet, daß sie lange Jahre im Lande gebettelt haben und einen so lieben Ort nicht haben verlassen wollen.

Ein herzoglicher Rentmeister bezog die verlassenen Gebäude und verwaltete die Güter. Als Hiddensee 1570 mit dem Berger Rentamte vereinigt wurde, begannen die Klostergebäude zu verfallen.

Der Dreißigjährige Krieg gab ihnen dann den Rest. Was die Zerstörungswut der Soldaten übriggelassen hatte, wurde zum Bau des Hofes Kloster verwendet. Und so versank ein beachtenswertes Kulturdenkmal, dessen letzte Reste wir immer wieder ehrfürchtig betrachten.

Wie sah denn Hiddensee zur Klosterzeit aus?

Ließe sich von Hiddensee, wie es um 1300 gestaltet war, mit modernen Hilfsmitteln ein genaues Meßtischblatt herstellen, würde das Bild dieser Karte der heutigen Insel recht unähnlich ausfallen, denn das Flachland war wesentlich kürzer, die Halbinsel Alt-Bessin fehlte fast ganz.

Für die Längenausdehnung des Flachlandes haben wir einen willkommenen Festpunkt in den Ruinen der alten Kirche auf dem Gellen, die am Anfang des vierzehnten Jahrhunderts in Benutzung genommen wurde. Es spricht hohe Wahrscheinlichkeit dafür, daß diese Kapelle ebenso wie der Leuchtturm nicht unfern der Südspitze der Insel gestanden hat. Heute aber liegen die Grundmauern der Kapelle mehr als 3,5 Kilometer von der Südspitze entfernt. Die Insel ist also im Laufe von sechseinhalb Jahrhunderten um 3,5 Kilometer länger geworden. Das ergibt umgerechnet für das Jahrhundert einen Zuwachs von einem halben Kilometer. Auch in jüngster Zeit schreitet dieser Prozeß noch fort. Eine Peilung des Wasserbauamtes Stralsund-West Ende der zwanziger Jahre hat ergeben, daß von 1885 an der Gellen etwa 159 Meter nach Süden zugenommen hat.

Für die Entstehung und Ausdehnung des Alt-Bessin haben wir in alten Karten zuverlässige Kriterien. Wohl sind diese Karten in mancher Hinsicht unvollkommen und weisen arge Verzeichnungen auf. Aber die Ungenauigkeit wird schwerlich so weit gehen, daß sie etwas Vorhandenes völlig ignorieren. Auf den Karten von Firenze (1574) und von Mercator (1595) sehen wir an der Stelle des Alt-Bessin keinerlei Anschwemmungen. Also wird am Ende des 16. Jahrhunderts dort kein Land gewesen sein, geschweige denn zur Zeit der Gründung des Klosters. Spätere Karten, wie die von Lubin (bald nach 1600) und die von Homman (etwa 1700), verzeichnen dort zwei kleine Inseln. Erst junge Karten, wie die Hagenowsche von 1835, zeigen eine geschlossene Halbinsel. So war also das Binnenufer von Kloster zur Zeit der Zisterziensermönche nach Osten zu völlig frei, und die Wellen des Libben konnten sich ohne hemmende Sandbarre in die Klosterbucht ergießen, so daß dort vor dem alten Kloster bei Nordoststürmen eine heftige Brandung stand. Dabei ist noch zu erwähnen, daß auch die Halbinsel des Bug noch nicht voll ausgebildet war.

Eine Entwicklung im entgegengesetzten Sinne erfuhr das Hochland. Hier können schon innerhalb eines Menschenalters so erhebliche Einbußen an Land festgestellt werden, daß man getrost annehmen darf, daß der diluviale Kern des Hochlandes sich fast um das Doppelte weiter nach Norden erstreckt hat.

Wir haben schon gehört, daß einem Ritter aus Schaprode zugestanden war, seinen Brennholzbedarf auf Hiddensee zu decken. Er durfte auch seine Schweine auf der Insel in die Mast treiben. Es muß dort also Eichenwald vorhanden gewesen sein, und auf den Höhen von Hiddensee wird zur Zeit des Klosters ein ähnlich schöner und geschlossener Hochwald von Buchen und Eichen gestanden haben wie zu unserer Zeit in der Stubnitz und Granitz auf Rügen. Der Hiddenseer Waldbestand ist erst im Dreißigjährigen Kriege verschwunden.

Auf dem Flachland wird es hie und da noch echte Sümpfe gegeben haben, die erst im Laufe der Jahrhunderte verlandet sind. Südlich der Heiderose gibt es noch heute Stellen, an denen der Boden beim Betreten sanft federt, ein Zeichen dafür, daß er noch keine völlige Festigkeit gewonnen hat.

So etwa sah der landschaftliche Rahmen aus, in dem die Zisterziensermönche auf Hiddensee lebten und tätig waren. Von ihrem Kloster sind uns leider weder eine Ansicht noch ein Grundriß überkommen. Aus den vorhandenen Urkunden ist darüber auch nichts zu entnehmen. Wir müssen uns mit dem wenigen begnügen, was der Erdboden und die bescheidenen oberirdischen Reste uns erzählen.

Am Anfang des 18. Jahrhunderts ließen sich noch neben der langen steinernen Mauer die eingefallenen Zellen der Mönche erkennen. Heute ist nur noch der alte Torbogen vorhanden, der dicht bei der Wohnung des Organisten steht. In ihm haben wir das dreiteilige Eingangsportal der westlichen Umfassungsmauer vor uns. Südlich neben dem Tor sieht man noch das kleine Fenster, aus dem der Pförtner nach den Einlaß Begehrenden Ausschau halten konnte. Hinter diesem Torbogen nach Osten muß der Hauptteil des Klosters gestanden haben. Dort wurde aber im Jahre 1909 das Hotel Hitthim erbaut – nach einem der ältesten Inselnamen so benannt –, und auch das nicht von Gebäuden eingenommene Gebiet ist mit so hohen Bäumen bestanden, daß Ausgrabungen dort kaum mehr durchzuführen wären.

Es ist als ein besonderer Glücksfall zu werten, daß im Jahre 1883 ein Neffe des damaligen Küsters, der Druckereibesitzer und Redakteur A. Freybourg aus Berlin, auf den Gedanken kam, dem Erdboden seine Geheimnisse zu entreißen. Der Gutspächter Ernst Luhde gab bereitwillig seine Zustimmung und stellte seine Tagelöhner für diese Arbeiten zur Verfügung. So wurden auf dem erwähnten Gebiet, das damals Ackerland war, Suchgräben gezogen, und das Mauerwerk, auf das man dabei stieß, wurde weiter verfolgt. Der Stadtbautechniker von Stralsund nahm die Funde kartographisch auf und legte seine Zeichnungen und den Fundbericht im Archiv der Stadt Stralsund nieder.

Was man fand, war zwar nicht mehr viel, ergab aber doch dankenswerte Aufschlüsse. Man konnte die Südmauer in ihrer ganzen Ausdehnung verfolgen und auch ein Stück der Ostmauer freilegen. Das Kloster war hart am Binnenstrande erbaut, so daß schon bei geringem Hochwasser die Südmauer von den Wellen bespült wurde. An dem Punkt, wo die Südmauer und die Ostmauer zusammenstießen – etwa dort, wo der Schwedenhagen anzusteigen beginnt –, fand man das hintere Portal. Der Boden der Nische, die das Portal bildete, war mit einem noch völlig intakten Steindamm ausgelegt und hatte am Schluß einen schön behauenen Abflußstein, der jetzt unter der Pumpe auf dem ehemaligen

Gutshof liegt und seine ursprüngliche Bestimmung, Wasser abzuleiten, wieder für die Siedler erfüllt. Möchten sie manchmal daran denken, welch ein ehrwürdiges Altertum ihr Wasserstein ist!

Das Portal in der Südostecke lag etwa 20 Meter vom Binnenstrande entfernt. Im östlichen Teile des ummauerten Bezirks stieß man auf eine kleine Kapelle von ungefähr sechs mal sechs Meter Grundfläche, deren aus schwarzen und weißen Fliesen zusammengesetzter Fußboden vollständig erhalten war. Der Standpunkt des Altars war noch aus dem besseren Zustand der Fliesen an der Ostseite der Mauer zu erkennen. Weiter nach Westen zu muß die eigentliche Abteikirche gestanden haben. Man fand außer einem Stück der Fundamente auch hier den aus gebrannten Fliesen bestehenden Fußboden. Ob ein ausgebranntes Tonnengewölbe dort eine Art Krypta war? Gebäudereste in der nächsten Nähe des Westportals scheinen einem Pförtnerhäuschen angehört zu haben. Mit Bedauern liest man, was am Schlusse des Berichts über die Ausgrabung in der Stralsundischen Zeitung vom 30. August 1883 steht: „Leider mußte der größte Theil des Terrains der ehemaligen Kirche unausgegraben bleiben, da Berufsarbeiten dem Unternehmer der Ausgrabung nicht gestatteten länger am Orte zu verweilen. Der interessanteste Theil der Ausgrabungsarbeit, die Freilegung des Kirchenbodens, bleibt somit noch unerledigt, wenn nicht andere Freunde unserer Provinzialgeschichte dieselbe fortsetzen. Ein Zeitraum von 8 – 10 Tagen und ein geringfügiger Kostenaufwand für 4 Tagelöhner dürften hinreichen den Plan der alten Cistercienser-Kirche auf Hiddensee festzustellen und manchen interessanten Fund auf und unter dem Boden der Kirche zu machen." Schade! Eine Fortsetzung hat diese so verheißungsvoll begonnene Arbeit leider nicht gefunden.

Als das Hotel Hitthim gebaut wurde, stießen die Arbeiter beim Ausschachten des Kellers auf einen unterirdischen Gang, der aus Feldsteinen sauber aufgemauert und so breit und hoch war, daß zwei Menschen darin aufrecht nebeneinander gehen konnten. Der Gang hat die Richtung auf den Schwedenhagen zu und ist damals von der Bauherrin Clara Häckermann und ihrem

Baumeister ein Stück begangen worden. Er ist gepflastert und ziemlich waagerecht. Es kann sich schwerlich um eine Kloake handeln, eher um einen Fluchtgang nach dem Wasser zu. Leider konnte die interessante Anlage von Sachverständigen nicht untersucht werden, da die Maurer aus Furcht, der Bau könnte verzögert werden, den Gang schleunigst zumauerten. Man brauchte freilich nur eine Lücke in die Ostwand des Kellers zu schlagen; dann könnte man den Gang wieder betreten.

Wie die Klosterbaulichkeiten sich dem Auge darboten, bleibt uns verborgen. Die Zisterzienser haben einfach und solide gebaut. Aber sie besitzen großen Anteil an der schönen Entwicklung der Backsteinbauten in Norddeutschland. So hat gewiß die Ansicht des Klosters, wenn man sich ihm zu Lande oder zu Wasser von Süden nahte, des Eindrucks nicht entbehrt.

Die Kapelle auf dem Gellen ist noch radikaler vom Erdboden verschwunden und buchstäblich ins Meer gesunken. Um 1870 standen noch Mauerstümpfe, die an der Innenseite kurz über dem Erdboden Nischen aufwiesen. Häuserbauten in den Süderdörfern haben alles Ziegelwerk verschwinden lassen, so daß nur noch die aus Felsen zusammengefügten Fundamente übrigblieben.

Nun vollendete das Meer das Zerstörungswerk. Immer mehr Land ging vom Strande verloren, bis schließlich die Fundamente zum größten Teile im Wasser lagen und eingewellt wurden. Fluten brachten je und dann wieder etwas ans Tageslicht. So hatte die Flut vom 19. April 1903 neun menschliche Gerippe bloßgelegt. Für gewöhnlich waren nur einige Steine, halb im Sande versteckt, zu sehen. Dann wuschen die Sturmfluten vom 30. Dezember 1913 und vom 9. Januar 1914 die Grundmauern wieder aus, so daß sie in vollem Umfange sichtbar waren. Diese Gelegenheit benutzte ich, um die altehrwürdigen Reste für die Zukunft festzuhalten.

Am 21. Januar fuhr ich mit meiner Frau und der Frau des Gutspächters Wüstenberg zusammen nach dem Gellen. Es war ein herrlich klarer Tag. Auf der Weide zwischen Kloster und Vitte und auf der Heide hinter Vitte lag von der Flut her noch eine Eisdecke, über die unser Schlitten dahinsauste. Im Umsehen waren wir an Ort und Stelle und begannen die Arbeit des Messens. Wir staunten über die ungeheuren Abmessungen der Grundmauern, die, aus gewaltigen Findlingsblöcken hergestellt, eine Breite bis zu 2,70 Meter aufwiesen. Am auffallendsten war ein Turm in der Südwestecke, neben dem eine Tür von Süden her in das Innere führte. Am besten erhalten war die West- und die Südseite. Der jetzt noch vorhandene Innenraum beträgt 12 mal 6,50 Meter. Unklar bleibt der Abschluß des Baues nach Osten. Durch eine kleine Ausgrabung, die nur wenige Tage in Anspruch genommen hätte, wäre hier Gewißheit geschaffen worden. Jetzt liegen diese Trümmer endgültig im Wasser. Das Meer singt sein ewiges Lied über der Stelle, wo vor Jahrhunderten Fischer und Kaufleute von weither andächtig knieten, um Segen für ihre Fahrt beteten und die Sakramente empfingen.

Das einzige Gebäude aus der Klosterzeit, das heute noch steht und zu gottesdienstlichen Zwecken benutzt wird, ist die „Kapelle vor dem Klostertore". 1386 bestimmte der Bischof von Roeskilde, daß der Priester, dem der Abt die Bedienung der Kapelle übertrug, die Seelsorge der Pfarre ausüben sollte. Die eigentliche Abteikirche innerhalb des Klosterbezirkes war also nur für die Mönche und Laienbrüder zugänglich, während die übrige Bevölkerung in der Kapelle außerhalb des Klosterbezirkes ihre Andacht verrichtete. In der alten Kirchenmatrikel von 1585 heißt es:

„Die Kirche stehet für dem Kloster-Hofe, ist die alte Paur-Kirche (Bauernkirche), so noch bey den Mönchen gewesen ist." Im Jahre 1780 ist sie renoviert worden. Damals ist wahrscheinlich der Dachstuhl und das hölzerne Tonnengewölbe gebaut worden. Jedenfalls aber dürfen wir die Umfassungsmauern mit den ungefügen Stützpfeilern als Werke der Mönchszeit ansehen.

Diese Kirche birgt auch die kostbarste Reliquie, die uns aus der Klosterzeit überkommen ist: den Grabstein des Abtes Johann Runnenberg. Er leitete das Kloster von 1466 bis 1475. Wir sehen ihn wie üblich in ganzer Gestalt vor uns; auf dem Haupte trägt er die Kappe, welche die Tonsur bedeckt. Im Arm hat er den Bischofsstab. Für die Flucht vor dem leeren Raum, welche der Gotik eigen war, ist bezeichnend, daß die freie Stelle auf der anderen Seite des Kopfes mit einem stilisierten Blatt ausgefüllt ist. In den Händen hält er das Meßbuch. Zu den Füßen steht sein Wappenschild. Es ist die Tartsche mit der Einbuchtung für das Einlegen des Turnierspeeres, ein Zeichen, daß Runnenberg adliger Herkunft war. Auf dem Schilde drei Lilien, deren Köpfe gebrochen sind, der Hinweis darauf, daß er der Letzte seines Stammes war.

Der Stein lag früher im Altarraum, ist aber, damit er nicht weiter abgetreten wird, an der Nordwand der Kirche seitlich vom Altar aufgerichtet worden. Ich habe kaum jemals vor dem Altare gestanden, ohne einen Blick auf den Abt zu richten, und bin mir dabei stets der Verbindung bewußt gewesen, die uns mit jener Zeit, die auch ihre große und einzigartige Kulturaufgabe zu erfüllen hatte, zusammenschließt.

Alte Namen

Als die Germanen zur Zeit der Völkerwanderung die Ostseeküste räumten, um nach Süden zu den Ländern der warmen Sonne zu ziehen, rückten slawische Völkerschaften in den leeren Raum ein. Auf Rügen machten sich die Ranen seßhaft und saßen dort noch, als nach dem Falle der Swantewit-Feste Arkona im Jahre 1168 der Dänenkönig Waldemar das Christentum auf Rügen einführte. Langsam begann dann das Zurückströmen der deutschen Volksstämme, und zwar auf dem Wege friedlicher Kolonisierung. Vornehmlich werden es Bauern aus Niedersachsen, Westfalen und Friesland gewesen sein, die zwischen die slawische Bevölkerung eingesprengt wurden.

An diesen Schicksalen und Völkerverschiebungen hat natürlich auch Hiddensee Anteil gehabt. Man darf annehmen, daß die Insel noch zur Zeit der Klostergründung in der Hauptsache von Slawen bewohnt war. Wie die Slawen auf Rügen in vielen Ortsnamen ihre Spuren hinterlassen haben, so auch auf Hiddensee. Die Mönche, die das Zisterzienserkloster errichteten, werden wohl nur zwei Dörfer auf der Insel vorgefunden haben. Das eine war das Dorf Grieben im Norden, das andere das Dorf Glambeke im Süden. Für beide Namen ist der slawische Ursprung zweifellos.

In Grieben liegt gewiß der Wortstamm „grib = Pilz" vor, der noch heute im Russischen in gleicher Bedeutung vorhanden ist. Diese Bezeichnung mag damit zusammenhängen, daß dort in der Nähe viele Pilze wuchsen, wie noch heute Champignons in großer Fülle auf dem nördlichen Ende des Bessin vorkommen.

Für die Klosterzeit werden in Grieben acht Katen genannt, die Pacht zu zahlen hatten[4]. In dem 1730 erschienenen Werke von Wackenroder: „Altes und Neues Rügen"[5] heißt es von Grieben: „allhie wohnen 8. Bau-Leute, wiewohl zum Theil schlecht conditioniret." Also ist sich die Zahl der Häuser annähernd gleichgeblieben und entspricht ungefähr noch dem heutigen Stande.

Der Name Glambek[6] wird mit slawisch „glenboka = Tiefenort" zusammengebracht. Dieses Dorf bestand schon am Anfang des 18. Jahrhunderts nicht mehr. Wackenroder[5] sagt darüber: „ist anietzo desolat, wiewohl nicht weit davon einige Häuser wieder aufgebauet sind. Der Ort heisset Neuendorff." Aus den Klosterakten ergibt sich, daß in Glambeke sieben Katen vorhanden waren[7]. Weshalb dieses kleine Dorf verlassen wurde und dann verfallen ist, wissen wir nicht. Für seine Lage aber haben wir Anhaltspunkte. Die große Wiese, die nördlich von Neuendorf liegt, heißt im Volksmunde „die Glambeck". Eine seichte Stelle nach der Heiderose zu, die winters unter Wasser steht, wird „glambecksche Wädling" genannt. Dort ist also der alte Name haftengeblieben. In dieser Gegend muß demnach das Dorf Glambek gelegen haben, und zwar auf dem Höhenrücken, der sich von der Heiderose aus nach Südwesten hinzieht und auf dem der Weg nach Neuendorf entlangführt. Dort sind auch, wie mir der Besitzer der Heiderose, Paul Krüger, erzählte, Grundmauern in der Nähe eines Dornstrauches, der am Wege steht, gefunden worden. Auch der Botaniker E. Th. Fröde, der eine Zeitlang in der Biologischen Forschungsanstalt arbeitete, hat bei Bohrungen in dem angegebenen Gebiet Fundamente gefunden, und zwar an dem südwestlichen Endpunkte dieses Höhenrückens. So hatte das Dorf im Norden die glambecksche Wädling, welche damals wohl noch nicht ganz verlandet war, und nach Süden zu die fruchtbaren Wiesen, die noch heute den Neuendorfern das Futter für ihr Vieh liefern. Der Verfall von „Glambeke" und der neue Aufbau, der den bezeichnenden Namen Neuendorf trägt, kann nicht lange vor 1700 stattgefunden haben.

Auch der Name Gellen, die Bezeichnung des Schwanzes der Insel, ist slawischen Ursprungs. In alten Urkunden wurde Yellant oder Jelenine geschrieben. Das ist wohl kaum von jeleni („Hirsch") zu trennen[8]. Wenn dort Hirsche gestanden haben, so muß in Vorzeiten auch auf dem südlichen Teile der Insel Wald vorhanden gewesen sein.

Den deutschen Kolonisten verdankt Plogshagen seinen Namen. Kolonistendörfer, deren im Laufe der Zeit eine ganze Anzahl in Pommern entstanden, waren zum Schutze meist mit einem Zaune oder mit Dorngebüsch eingehegt und erhielten deswegen am Schlusse ihres Namens die Kennzeichnung Hagen. Dieser Endung wurde gewöhnlich der Name des ersten Ansiedlers oder des Führers des Trecks vorgestellt. So hieß der erste mutige Mann, der aus seiner Heimat auf die einsame und entlegene Insel zog, ganz gewiß Plog. Durch die von ihm oder unter seiner Leitung entstandene Siedlung ist sein Name in die Geschichte Hiddensees eingegangen.

Nun zu Vitte. Unter einer Vitte verstand man im Mittelalter eine Niederlassung, die von Heringsfischern hier und da zum besseren Betrieb ihres Gewerbes an der Küste angelegt wurde. Eine solche Niederlassung konnte zunächst durchaus beschränkte Dauer haben und nur zur Zeit des Heringsfanges bewohnt sein, um nachher wieder leerzustehen. Erst allmählich haben sich wohl ständige Bewohner eingefunden. Eine solche Stelle, an der der gefangene Hering verarbeitet und gebrauchsfertig gemacht wurde, wird auch unser Vitte gewesen sein.

Urkundlich erwähnt ist es erst 1513 mit 24 Katen[9]. Demnach war es bereits damals ebenso wie heute das ansehnlichste Dorf auf der Insel. Eine Erinnerung daran, daß Vitte kein Eigenname, sondern ein Gattungsname ist, bewahrt die niederdeutsche Redensart „hei wohnt in de Vitt" (er wohnt in der Vitte), oder „wi gahn na de Vitt" (wir gehen nach der Vitte). So steht auch noch bis 1885 in den Kirchenbüchern hinter dem Personennamen etwa „Fischer in der Vitte", während es bei den übrigen Ortsnamen immer ohne Artikel heißt: in Kloster, in Grieben, in Neuendorf.

Offenbar ist die slawische Bevölkerung bald von den deutschen Kolonisten aufgesogen worden; denn in dem ältesten Kirchenbuche von Hiddensee, das 1677 beginnt, finden sich in der Hauptsache deutsche Eigennamen, z. B. Beyer, Wolter, Gau, Höfener (später Hübner geschrieben), Tode, Schomaker, Schlieker, Schluck, Gottschalk. An slawischen Namen hat sich bis heute Kollwitz (anfangs Koldevitz geschrieben) erhalten. Vielleicht ist auch Striesow als slawisch anzusprechen. Der Name Gau gibt uns noch einen Fingerzeig, woher die Kolonisten gekommen sind. Im holsteinischen und westfälischen Platt heißt gau „rasch, schnell". Von den übrigen Namen bezeichnet Schlieker einen pfiffigen, verschmitzten Menschen. Schomaker (später Schumacher) wurde der erste Träger dieses Namens nach seinem Beruf genannt. Höfener ist derjenige, der den Hof hat. Gottschalk bedeutet Gottesknecht. Die körperliche Erscheinung der Hiddenseer Fischer ist heute völlig germanisch. Schon Grümbke (Indigena) sagt von ihnen: „Fast alle Einwohner sind groß, etwas gelb von Angesicht (er meint wettergebräunt), blauäugig, blondhaarig, schlank von Wuchs."[10]

Auch die Flurnamen sind Urkunden der Vergangenheit und wollen in rechter Weise gelesen werden.

Oft bin ich von Besuchern Hiddensees gefragt worden, ob der Name Swanti mit dem Götzen Swantewit zusammenhinge und wie es mit der Swantewitschlucht steht. Diese letzte Bezeichnung ist jungen Datums. Alexander Ettenburg, der sich der Einsiedler von Hiddensee nannte, hatte oberhalb dieser Schlucht seinen Ausschank und seine Rohrhütten. In der Schlucht pflegte er sein Schauspiel „Swantewits Fall" aufzuführen. Er hat dieser

Schlucht erst den Namen beigelegt, der sich freilich völlig eingebürgert hat. Anders steht es mit dem Berge Swanti. Swanti ist das slawische Wort für „heilig". Swantewit heißt eigentlich „der heilige Wit". Zu ergänzen ist bei Swanti das Wort für Berg, nämlich gor, so daß der Name vollständig wohl Swantigor gelautet haben wird. Diese Bezeichnung ist sicherlich uralt und deutet darauf hin, daß auf der Spitze dieses Hügels, der eine weite Umsicht bietet, eine alte Kultstätte war.

Der Name Schwedenhagen scheint zwar mit Schweden zusammenzuhängen, zumal Hiddensee bis zum Jahre 1815 sogar schwedisch war. Das ist dennoch ein Fehlschluß. Plattdeutsch wird dieser Uferabsturz heute noch „Swienhagen" genannt, das heißt: Schweinehagen, eine Erinnerung an jene Zeit, da in den Eichenkamp der Insel Schweine in die Mast getrieben wurden, wie es uns die Klosterakten von dem Ritter Andreas aus Schaprode überliefern. Höchst merkwürdig ist es, was Grümbke[11] von seinem Besuch in Kloster erzählt:

„Am Abend, der sehr still und heiter war, schwirrte um die Köpfe der Gesellschaft ein großes Insekt, das ich mit dem Hute niederschlug; es war der große Hirschkäfer (Lucanus cervus Linn.), den aber weiter Niemand kannte. Dieser Waldbewohner mußte sich durch Zufall hierher verirrt haben, da ausser einem Fichtenkamp, der zwei Morgen Landes deckt, und den geringen Ueberbleibseln eines ehemaligen Eichenwaldes gar kein Gehölz auf der Insel vorhanden ist."

Sollte es wohl möglich sein, daß dieser Hirschkäfer ein letztes Relikt aus der Zeit war, als in dem Eichen- und Buchenwalde der Insel eine ganze Kolonie dieser großen Insekten lebte?

Auch der Name Reidsoll (Reedsoll) gibt leicht zu Mißverständnissen Anlaß. Arved Jürgensohn hatte in der ersten Auflage seines Führers „Hiddensee, das Capri von Pommern" (übrigens ein vortreffliches und inhaltreiches Buch) das Wort als Reitsaal verstanden, und zwar wegen der ovalen Form dieser von Kropfweiden eingefaßten Wiese, und diese Bezeichnung auch in seine Karte eingesetzt. Auf meine Berichtigung hin ist dann in der zweiten Auflage die zutreffende Erklärung gegeben worden. „Soll" ist im Niederdeutschen ein Wasserloch und Reed bedeutet Riedgras, Schilf. Reedsoll ist ein Wasserloch, das mit Schilf ausgewachsen ist. Als dieser Name aufkam, wird diese Gegend noch Wasser und Schilf aufgewiesen haben. Offenbar ist das Reedsoll ehemals ein Fischteich des Klosters gewesen, an den sich unterhalb der jetzige Ententeich und dann der Pfarrteich anschlossen.

Bei klarem Wetter grüßt uns der Kirchturm von Schaprode übers Wasser herüber. Der Name Schaprode ist besonders interessant. Das Nonnenkloster von Bergen erhielt 1193 in der Stiftungsurkunde einen Ackerhof Schaprode zugewiesen. Schaprode ist hier Szabroda geschrieben[12]. Dieses Wort ist wahrscheinlich in slawisch sa und broda, „Bei der Fähre", zu zerlegen. Da im Russischen brod „Furt" bedeutet, also ein Gewässer, das man durchwaten oder durchreiten kann, müßte man wohl genauer übersetzen: „Bei der Furt". So kommt man zu der Frage, ob nicht in der Tat das Wasser zwischen der Fährinsel und Seehof einmal so seicht gewesen ist, daß dort nicht nur eine Fähre, sondern eine Furt war, zumal Wackenroder schreibt[13]: „man weiß einige Plätze zu zeigen, da bey niedrigem und gefallenen Wasser man durchreiten können." Und der Pastor Kirchner von Hiddensee berichtet 1833 in der Beilage zur „Sundine": „Bei ungewöhnlich niedrigem Wasserstande befindet sich zwischen Hiddensee und der Fährinsel gar kein Wasser, und man kann dann sogar südwärts von der Fährinsel, wo der Strom, der Trog genannt, am flachsten ist, nach Rügen durchwaten, wie solches wenigstens die Fährleute behaupten, nach deren Erzählung auch ein Versuch dieser Art vor einigen Jahren einem Fährknecht gelungen seyn soll."[14]

Entweder hat nun im Laufe der Zeit das strömende Wasser allmählich den Grund zwischen der Fährinsel und Rügen vertieft, oder was wahrscheinlicher ist, der sogenannte Trog ist überhaupt nur eine künstliche Baggerrinne.

„Wüterich Wallenstein"

Wie auf Rügen Eichenwälder fielen, weil die Dänen im Jahre 1168 bei der Belagerung der Tempelveste Arkona die Eichenbestände, die damals Wittow bedeckten, in Belagerungsmaschinen und Gerüste verwandelten, so haben auch auf der Insel Hiddensee Kriege den Wald geraubt.

Über die Vernichtung unserer Wälder liegen verschiedene urkundliche Nachrichten vor. So schreibt Wackenroder[15]: „Oben auf dem Gebürge ist etwa vor 80. Jahren ein Wald mit vielen Bäumen und hohen Tannen gestanden, darauf grosse Vögel genistet, und die Aale und Fische ihren Jungen zur Speise gebracht. Solches Holtz haben die Käyserl. Soldaten ausgerottet, und zur Feuerung gebrauchet, wie auch die Dänische Flotte, die um selbiger Zeit sich allhie aufgehalten, die Bäume tapffer herunter gehauen."

Die hier von Wackenroder erwähnten Vögel können nur Kormorane oder Reiher gewesen sein.

Eine ausführliche und sehr anschauliche Erzählung vom Verlust des Hiddenseer Waldbestandes ist im Schaproder Kirchenarchiv niedergelegt. Dort befindet sich ein Buch in Hochoktav, das außer Einkommensnachweisungen vom Jahre 1729 an auch interessante, um ihres Alters wie um ihres Inhaltes willen lesenswerte zeitgeschichtliche Mitteilungen enthält.

Wir geben einen Abschnitt des Buches aus dem Jahre 1729 wieder, und zwar in getreuer Abschrift des Originals. Nachdem Laurentius Maneke, von 1719 bis 1756 Pastor in Schaprode, das alte Pfarrhaus und den Bau des neuen beschrieben hat, fährt er fort: „Was aber die Weiden betrifft, die, in sehr großer Anzahl, auf dem hiesigen Pastorat-Grunde, stehen, so dienet zur Nachricht, daß ich selbige, alle mit einander, für baare Bezahlung, von Klüß, hinter Gagern, hohlen, und durch einen Taglöhner, von Jahren, zu Jahren, setzen und pflantzen lassen. Die wichtigste Ursache, welche mich dazu bewogen, ist gewesen der sehr theüre Holtzpreiß, der mich bishero heftig gedrücket hatte, indem ich 40 rthlr, zu Einkaufung des Holtzes, in einem Jahre, nöthig hatte. Da ich nun gedacht, ich würde, wo mir Gott, nach seiner Barmhertzigkeit, das Leben fristen würde, noch viel Geldes ersparen können, oder meine wehrte Nachfolger, im Amte, wenn dieselben würden groß geworden seyn, desfals ließ ich alle Jahre, 100 Pathen setzen, und wenn etliche, bey truckenem Sommer, ausgegangen waren, an deren Stelle, widerum andere pflantzen.

Vor der, so genanten Kaiser-Zeit, hatten die Herren Prediger, zu Schaprode, nicht nöthig, sich damit zu bemühen, indem dazumahl das Holtz spotwohlfeil war. Den, da könt man, nicht allein, auf Ummantz, welches vormahls gantz, mit Eichen, Ellern, und anderen Bäumen, bewachsen war, Holtz genug, für ein weniges Geld, bekommen, sondern auch, auf Hiddensee. Denn, auf den hohen Bergen dieses Landes stund ein schöner dicker

Wald, von den höchsten, und schönsten Tannen, und Eichen. So war auch sonsten noch, auf Hiddensee, nicht weit, von der Fähre, und bei Glambeck, eine vortrefliche Höltzung, von Ellern und dergleichen, davon, heüt zu tage, noch etwas zu sehen und Vittebroock, und Glambeeckerbroock genannt wird, welche beide Höltzungen, vermuthlich, in alten Zeiten, eine Höltzung ausgemacht, und sich daselbst weit erstrecket. Wie ich, aus denen alten Schriften, ersehen, so haben die seeligen Herren Pastores, zu Schaprode, Herr Joachimus Straussenberg, der anno 1580 berufen wurden, und Herr Joannes Doebel, der anno 1598, ins Amt gekommen, all ihr Brenholtz, von Hiddensee, hohlen lassen.

Auf was Art aber diese benachbarte Insul dieses unvergleichlichen Kleinodes, zu unserer aller größtem Schaden, beraubet worden, wil ich kürtzlich berühren.

Als der König von Dennemarck, Christianus IV. ao. 1626 bey Calenberg, und Lutter, am Barenberg, im Braunschweigschen, eine doppelte blutige Niederlage erlitten, von dem Kaiserl. General Tilly, und nicht lange hernach Wallenstein, in Holstein, einfiel, und dieses grosse Hertzogthum, bis auf das eintzige Glückstadt, wegnahm, auch dessen trouppen, durch gantz Jütland, biß nach Aalburg, streifften, und sehr übel haus hielten, da ließ gedachter König ao. 1628 seine übrigen Völcker, zu Schiff bringen, und segelte mit denselben, nach Usedom, und Wolgast, um dem, Kaiser, Ferdinando II. eine diversion in Pommern, zu machen. Die Dänische Flotte aber, welche 47 Segel starck, unter Hiddensee lag, bediente sich des dortigen Holtzes, zum Kochen, auf den Schiffen. Und das war der erste Anfang, von dem annoch hertzlich zu bedaurnden ruin der vormahls herrlichen Höltzung auf Hiddensee.

Nachgehens, ging man beständig damit üm, wie man dieselbe völlig ruiniren mögte. Denn, wie der Dänische König, bey Wolgast, geschlagen war, und Er sich, mit den seinigen, über See, retiriren muste; wegen des contrairen Windes aber, einige Zeit, bey Hiddensee, vor Anker gehen mußte, da ließ Er, durch seine matrosen und Soldaten, viele 100 Bäume fällen, selbige, zu

Fahden, schlagen, und damit seine Schiffe anfüllen, um Copenhagen, mit Holtze, tüchtig zu versorgen.

Sobald aber Wallenstein davon Nachricht, in dem Lager, vor Stralsund, erhielte, schickte er sofort, nach Hiddensee, über Rügen, ein sehr starckes commando, zu Pferde, und zu Fusse, mit der ordre, die Dähnen, alle mit einander in die Pfanne zu hauen, und keinem eintzigen quartir zu geben. Weil aber die Kaiserlichen nicht sogleich, und auf einmahl, über die Hiddenseeische Fähre, kommen könten, so hatten die Dähnen indessen Zeit bekommen, sich, nach ihren Schiffen, zu retiriren. Als nachgehens der Wallenstein solches zu hören bekommen, da hat er die ordre ausgegeben, daß die gantze Höltzung, auf Hiddensee, solte angesteckt werden, damit die Dänen nicht noch mehr Holtz, von dort wegholen und nach Copenhagen, bringen mögten; welches denn auch, leider! geschehen, da alle die schönen, hohen Tannen, nebst vielen herrlichen Eichen, biß auf etliche wenige schlechte Eichen, gantz weggebrannt und von denen Flammen verzehret worden. Das Ellern-Höltzgen, auf Hiddensee, ist dazu mahl ebenfals, von den Kaiserlichen, eingeäschert und ruiniret worden. Nach der Zeit, hat man gleich, zu Schaprode, angefangen, sehr zu klagen, über Holtzmangel, und daß selbiges theuer sey, obgleich es dazumahl, gegen den jetzigen Preiß, noch sehr wohlfeil gewesen.

Denn, zu des seeligen Herrn Pastoris, Jacobi Teßnauen Zeiten, der von anno 1632, biß 1662 alhie Prediger gewesen, hat man, für 1 Fahden Holtz, 20 Schilling gegeben. Zu des seel. Herrn Pastoris, Arnoldi Sledani Zeiten, so, von dem Jahre 1663, biß auf das Jahr 1676, in dem hiesigen Weinberge unseres liebsten Heilandes, treülich gearbeitet hat ein Fahden Holtz ½ rthl gegolten. Zu des seel. Herrn Hinrici Kemnas, meines auch noch, im Tode, hertzinniggeliebtesten Herrn Schwiegervaters, Zeiten, welcher dieser lieben Gemeine, von anno 1677 bis 1719, da Er, wegen hohen Alters, sein Amt niederlegte, mit aller Treüe gedienet, hat man insgemein, für 1 Fahden Feürenholtz, gegeben 4 Schilling und 1 Brodt, welches alles noch leidlich war, und zu bezahlen stund. Allein, bei meinen Zeiten, ist das Holtz, von Jahren, zu Jahren, im Preise, leider! so gestiegen, daß ich fast den größten Theil, von der hiesigen baaren Einnahme, jährlich, auf das Holtz wenden müssen. Wie ich, nach Schaprode, vociret ward, da gab ich, für 1 Fahden Feürenholtz, das eine trefliche Länge hatte, 5 Schilling. Nachgehens, mußte ich, für dergleichen Holtz, geben 1 rthlr und nun kan ich dergleichen Holtz, den Fahden nicht unter 1½ rthlr bekommen; dabei ist es auch noch mahl so kurtz, wie es, vor Zeiten gewesen. Ja, die Darser nehmen schon, für 1 Fahden Feürenholtz, 10 Schilling, wenn die Einwohner dieses Kirchspiels, in Holtzmangel gerathen, und in langer Zeit, keine Holtz Schuten hie gewesen.

Was vor bittere und wehmüthige Klagen aber desfals, in meinem Kirchspiele, sonderlich, von armen Einliegern, geführet werden, ist meine Feder zu beschreiben unvermögend. Und diese

Holtznoth haben wir, dieses Ortes, vornehmlich dem greülichen Wüterich Wallenstein zu dancken, nachdem derselbe, wie gedacht, die vortrefliche Höltzung, auf Hiddensee, die vormahlige Schaprodische Holtzkammer, so gäntzlich ruiniren lassen.

Die verfluchte Gewohnheit dieses Unmenschen war, alles, durch seine croaten kahl zu machen, so lange er das commando hatte, und deswegen hat er auch dieses, auf Hiddensee, in Acht nehmen wollen.

Wie kahl er das edle Rügen gemacht, ist dabey abzunehmen, daß, wie er anno 1629, seine Soldaten, welche 3 gantze Jahre, in diesem Lande, gelegen hatten, wider heraus zog, er aller Orten, anschlagen ließ, daß, wo eine Kuhe, in Rügen, noch anzutreffen, man ihm dieselbe bringen mögte; Er wolt ihr die Hörner, mit dem feinsten Golde, vergülden lassen.

Die Hungersnoth war, über diese dreijährige Einquartirung der Kaiserlichen, so groß in Rügen, geworden daß viele Einwohner das Graß, auf dem Felde, kochen müssen, üm ihren Hunger damit zu stillen.

Dem Wallenstein ist daher recht geschehen, daß er ao 1634, zu Eger, auf dem Schlosse, des Abends, zwischen 9 und 10 Uhr, von dem capitaine Deveroux, massacriret, und, von demselben, mit der Partisan, durchs Hertz gestossen worden, daß er, ohne Wortsprache todt niedergesunken. Bei dieser wohlverdienten Strafe aber, kan anzuführen nicht unterlassen, daß, in ganz Rügen, ao 1629 nur 3 Kühe übrig geblieben, welche, zu Losentiz in einem vermauerten Keller, gestanden und so viel Milch, durch Gottes Segen, sollen gegeben haben, als sonsten nicht 10 Kühe zu geben pflegen.

Bis hierher hat uns der HErr geholfen."

Wie schön muß Hiddensee damals im Schmucke seiner Wälder gewesen sein! Über den Hügeln ein geschlossener Hochwald von Kiefern und Eichen; zwischen Vitte und Neuendorf ein zusammenhängender Bruchwald von Erlen. Und all diese Schönheit ist durch den „Wüterich Wallenstein" zu Asche geworden. Vor Jahren sah man noch am unteren Absturz der Swantewitschlucht etwa ein Meter unter der heutigen Oberfläche eine gleichmäßig sich hinziehende Brandschicht von etwa 3 bis 4 Zentimeter Mächtigkeit. Professor Strugger hat durch mikroskopische Untersuchungen festgestellt, daß es sich um Reste eines Eichenwaldes handelt. Von dem Vittebrook ist wenigstens der Name noch erhalten. Im Volksmunde heißt ein Ackerstück südlich von Vitte „dat Brauk" (das Bruch), und der Weg von der Spitze des Süderendes nach Osten wird dort, wo er auf den Zuweg zur Fährinsel trifft, „de brauksche Weg" genannt.

Kammerrat Giese und die Fayencefabrik

Im Jahre 1536 wurde, nachdem auf dem Landtage zu Treptow die Reformation von den Pommernherzögen angenommen war, das Zisterzienserkloster aufgelöst und die Verwaltung der Gebäude sowie des Grundbesitzes einem Rentmeister übertragen. Bis 1632 blieb die Insel fürstliches Kammergut. Dann verpfändete der letzte Herzog von Pommern, Bogislaw XIV., Hiddensee an seinen Schwestersohn, den Herzog Ernst Bogislaw von Croye, der bald darauf die Insel als Geschenk erhielt. Er verkaufte sie an den Kaufmann Hermann Wolfradt. Die später geadelte Familie von Wolfradt besaß die Insel bis zum Jahre 1754, als Joachim Ulrich Giese sie käuflich erwarb. Sein Name wird für alle Zeiten mit Hiddensee verknüpft bleiben.

Joachim Ulrich Giese wurde 1719 Anfang September zu Stralsund als Sohn des Kaufmannes Joachim Heinrich Giese geboren, der besonders durch einen vorteilhaften Korn- und Wechselhandel zu erheblichem Wohlstande gelangte. Joachim

Ulrich hatte vom Vater die kaufmännische Betriebsamkeit und Unternehmungslust, von der Familie seiner Mutter die Neigung zur Kunst und zum Kunstgewerbe geerbt. Auf einer längeren Reise nach Holland und England richtete er sein Augenmerk auf das Studium der Weberei. Auch holländische Fayencen werden schon damals seine Aufmerksamkeit erregt haben. Nach dem Tode seines Vaters warb er um die jugendliche und kluge Sophie Elisabeth von Schwerin, die, erst siebzehnjährig, ihm die Hand zum Ehebunde reichte. Sie gebar ihrem Gatten 13 Kinder, von denen 7 am Leben blieben. Während Gieses Vater sein Vermögen im kleineren Handel erworben hatte, widmete sich der Sohn größeren Unternehmungen. Seine Haupttätigkeit bestand in Bankgeschäften. Er war der erste, der in Stralsund ein großes Bankgeschäft und Bankkontor eröffnete.

Dem Vermögen und den Einkünften Gieses entsprach der großzügige Lebensstil seines Hauses, das seine Gattin zum Mittelpunkt einer lebhaften Geselligkeit machte, in der sie selbst durch ihre Gewandtheit, geistige Regsamkeit und Liebenswürdigkeit glänzte. Besonders fleißig wurde Musik getrieben. Größere Musikaufführungen in ihrem Hause waren recht häufig. Auf zwei Bildern des Malers Mathieu wird die Liebe des Ehepaars Giese zur Musik deutlich zum Ausdruck gebracht.

Wie es damals üblich war, legte Giese das erworbene Vermögen in Grundbesitz an und durchforschte die erworbene Insel Hiddensee sogleich auf industrielle Ausbeutungsmöglichkeiten. Dabei wurde an der Nordwestküste Ton entdeckt, der sich als brauchbar für die Herstellung von Fayencen erwies.

Kurz entschlossen begann Giese schon im nächsten Jahr mit der Einrichtung einer Fayencefabrik in Stralsund, für die er in der Tribseer Straße nach und nach die Häuser Nr. 24–26 erbaute. Der Ton wurde nahe der Hucke in der Gegend des Rennbaums entnommen. Dort, wo der Schwedenhagen sich nach Osten senkt, errichtete man Schlämmkästen, in denen der Ton von unreinen Bestandteilen gesäubert wurde. Mit Schuten wurde der geschlämmte Ton von einer Brücke, die in der Nähe des Schafortes stand, nach Stralsund verschifft. Für die Heranschaffung und Reinigung der Tonerde waren durchschnittlich sechs Leute beschäftigt. Sechs weitere Leute wurden als Schiffer und Fuhrleute eingesetzt, um die Tonerde von Hiddensee nach Stralsund zu bringen. Neben diesen Außenarbeitern waren in der Fabrik selbst noch etwa 50 Personen tätig, die meist verheiratet waren, so daß die Fabrik über hundert Menschen ernährte.

Der Bedarf an Keramik war zur damaligen Zeit groß. Porzellan wurde noch nicht in dem Maße wie später hergestellt. Daher durfte man für Fayencegeschirr, ein verfeinertes Steingut, auf einen gesicherten Absatz rechnen. Fabriziert wurde in der Hauptsache Luxusware, und zwar in vollendetster Form, wie sie uns die im Stralsunder Heimatmuseum gesammelten Fayencen zeigen, die vornehmlich Dr. Rudolf Baier zusammengebracht hat. Man freut sich noch heute an der zierlichen Form und den herrlichen satten Farbtönen der bemalten Glasur, die einen eigenen Reiz aufweisen, der vom Porzellan in dieser Weise nicht erreicht wird. Im Herrenhause der Gieses auf Hiddensee waren die Wände eines Zimmers vollständig mit Fayencekacheln bekleidet, welche mit Vögeln und Schmetterlingen bemalt waren. Der größte Teil dieser Kacheln ist im Stralsunder Heimatmuseum in dem Raum der Fayencen als Wandverkleidung angebracht worden.

Leider erzwang der Siebenjährige Krieg eine böse Stockung in dem Vertrieb der Erzeugnisse. Die Ware stapelte sich auf. Auch die finanziellen Verhältnisse Gieses wurden durch den Krieg schwer mitgenommen. Er hatte der schwedischen Regierung einen großen Kredit zur Verfügung gestellt, damit das schwedische Heer, das sich in recht kümmerlichem Zustande befand, aufgerüstet werden konnte. Giese glaubte sich aus vaterländischen Gründen – Rügen und Vorpommern waren bis 1815 schwedisch – zu diesem Verhalten verpflichtet. Leider mußte er später die Enttäuschung erleben, daß die schwedische Krone ihm seine erheblichen Aufwendungen nur zum Teil ersetzte. Auch mehrere längere Reisen nach Stockholm änderten nicht allzuviel an dieser Sache. Schließlich mußte Giese sogar den Betrieb der Fabrik in andere Hände geben. Von 1767 an hat Ehrenreich sie mehrere Jahre lang geleitet, der die Leistungen der Fabrik auf eine seltene Höhe brachte. Er war aber nicht nur ein guter Keramiker, sondern leider auch ein guter Schuldenmacher. So war Giese gezwungen, die Fabrik im Jahre 1772 wieder selbst zu übernehmen. Nach seinem 1780 erfolgten Tode lief die Arbeit allmählich versiegend noch zehn Jahre weiter. Das letzte Lebenszeichen der Fabrik ist eine Rechnung von 1792 über Brot, das für den mit der Bewachung des Anwesens betrauten Kettenhund angeschafft war.

Das Bestehen der Stralsunder Fayencefabrik deckt sich ungefähr mit dem Zeitalter des Rokoko. Die Lebenslust und Beweglichkeit jener Zeit spiegelt sich anschaulich in den Fabrikaten wider. Freilich sind unter der Leitung Ehrenreichs die dem zerbrechlichen Material in der Formgebung gesteckten Grenzen vielfach überschritten worden. In den Stücken der letzten Periode klingt bereits klassizistische Linienführung an. Auf jeden Fall nimmt Gieses Fayencefabrik in der Kunstgeschichte der Ostseeländer einen höchst ehrenvollen Platz ein.

Auf Hiddensee ist Giese nur selten gewesen, wie er sich überhaupt um die Bewirtschaftung seiner Landgüter nicht zu kümmern vermochte. Das überließ er seiner Frau, die von Hause aus damit Bescheid wußte. Wenn er Ausspannung und Erholung suchte, ging er nach dem nahe bei Stralsund gelegenen Niederhof, wo er einen damals vielbewunderten Park angelegt hatte. Nach dem Tode Gieses zog sich seine Frau in die Einsamkeit von Hiddensee zurück. Dort war ein neues Herrenhaus errichtet und ein hübscher Garten angelegt worden. So war der Aufenthalt auf der Insel trotz der Weltabgeschiedenheit doch ganz behaglich. Ihre letzten Lebensjahre verbrachte sie in Stralsund. Johann Friedrich Zöllner sagt in seiner „Reise durch Pommern nach der Insel Rügen"[16] über sie: „Eine höchst interessante Frau, die mit einem durchdringenden Verstande eine ungemeine Feinheit und eine liebenswürdige Denkungsart vereiniget." Frau Giese starb am 3. April 1796 und ist ebenso wie ihr Gatte in Brandshagen, dem Kirchdorf von Niederhof, beigesetzt worden.

Aus der Zeit, da Frau Giese als Witwe in Kloster auf Hiddensee lebte, ist uns ein hübsches Genrebild in Zöllners „Reise durch Pommern nach der Insel Rügen"[17] überliefert worden. Um des eigenen Reizes dieser Schilderung willen sei dieselbe in extenso wiedergegeben: „Ein Schiff, welches unter andern ein paar Pariser Damen, die nach Petersburg wollten, an Bord hat, sieht sich genöthigt, wegen eines heftigen anhaltenden Sturms, der es beschädigt hatte, an der Nordseite der Insel vor Anker zu gehen. Die Damen lassen sich ans Land setzen, um frisches Quellwasser zu erhalten, und voll Freude, daß sie einmal wieder Land unter den Füßen haben, erklettern sie mit großer Mühe die hohen Dühnen. Ihr Verdruß, gerade an einen wüsten Sandhaufen verschlagen zu seyn, wird desto größer, je reizender ihnen die entfernteren Inseln und das feste Land von diesem Standpunkte scheint. Um eine noch weitere Aussicht zu haben, erklettern sie einen noch höheren Hügel, und wollen ihren Augen kaum trauen, als sie auf einmal zu ihren Füßen in einer Niederung ein schön gebautes Landhaus erblicken. In größter Eile gehn sie auf dieses zu, und ihr Erstaunen wächst, als sie einen zierlichen Garten, der durch das Unerwartete des Anblicks noch mehr verschönert wird, entdecken. Sie finden ein Kind, (Fräulein von Giese, damals sechs oder sieben Jahre alt), das vor dem Garten im Grase spielt, und wie eine kleine Pariserinn gekleidet ist. Sie laufen auf das Kind zu, heben es auf ihre Arme, finden es bewundernswürdig schön, und sagen ihm tausend Liebkosungen, von denen sie voraussetzen, daß sie nicht verstanden werden. Das Kind sagt ihnen Französisch, sie möchten sich mit zu Mamma bemühen, der sie willkommen seyn würden. Sie folgen. Der Zufall will, daß gerade das Hochzeitfest des Predigers im herrschaftlichen Hause gefeiert wird, wozu sich eine große Gesellschaft aus Stralsund und Rügen eingefunden hat. Die Pariserinnen werden beim Eintritt in den Saal durch den Anblick einer glänzenden Gesellschaft, die ihre Anrede französisch beantwortet, aufs höchste überrascht, und fühlen sich wirklich einen Augenblick versucht, alles für das Spiel einer freundlich losen Fee zu halten.

Endlich kommen sie zu sich selbst, nehmen an dem Mahle Theil und schlagen ihre Wohnung bei der Frau von Giese auf, so lange ihr Schiff vor Anker bleibt. Man kann sich denken, wie froh sie über diesen Vorfall und wie zufrieden sie mit ihrer Aufnahme gewesen sind; nur das ist ihnen, als ächten Französinnen, unbegreiflich geblieben, daß Frau von Giese keine Neigung bezeigt hat, einmal die Reise nach Paris zu machen."

Der Prediger, dessen Hochzeit im Herrenhause gefeiert wurde, war Bertram Ludewig Crüger (Krüger), der von 1779 bis 1796 Pastor von Hiddensee war. Seit 1739 war vor ihm sein Vater dort Pastor gewesen. Nach dessen Tode war die ganze Insel darum eingekommen, daß man ihnen den Sohn zum Seelsorger geben möge, weil er „in ihrem Döpwater gedöpt" wäre.

Es mag noch einiger Beziehungen gedacht werden, die die Familie Giese mit Hiddensee verknüpfen: Die größere Kirchenglocke, die im ersten Weltkriege abgeliefert werden mußte, trug unter anderem folgende Inschrift: „Anno MDCCLXXI, da der Kammerrath Joachim Ulrich Giese Herrschaft von Hiddensee war, hat selbiger nebst seiner Frau Gemahlin Sofia Elisabeth von Schwerin zu meiner Umgießung rühmlich beigetragen." Auch in dem vergoldeten Abendmahlskelch, der jetzt noch benutzt wird, ist ein schönes Erinnerungsstück an jene Zeit erhalten. Der Kelch trägt am Fuße die Umschrift: „Sophia Elisabeth von Giese, geborene von Schwerin. Hiddensee, Septembr. 1783."

Die Fayencefabrik stellte übrigens auch Kachelöfen her. Ein solcher Ofen wurde von dem Maler Oscar Kruse alt gekauft und in seiner 1903/1904 erbauten Lietzenburg in seinem Schlafzimmer aufgestellt. Die bemalten Kacheln bieten biblische Bilder, vornehmlich aus dem alten Testament, und außerdem allerlei Architekturansichten. So ist die Fayencefabrik durch dieses schöne Stück auf der Insel, dem Ursprungsland ihres Tones, vertreten.

In Neuendorf existiert in mehreren Zweigen eine Familie Karsten. Stammvater dieser Familie ist „Mons. Joh. Christoph Karsten, Aufseher bey hiesiger Fabrique". Er wohnte in Grieben und hatte offenbar das Schlämmen und Verladen des auf Hiddensee gegrabenen Tones zu überwachen. Zwei seiner Söhne haben in Neuendorf eingeheiratet. Er starb im Alter von 96 Jahren in Grieben am 29. Juli 1815. Geboren war er in Steinhagen in Pommern. So ist die Familie Karsten eine der wenigen Familien, deren Herkunft man genau nachweisen kann und deren Einwanderung nach Hiddensee einwandfrei feststeht. Zugleich ist die Familie Karsten auch heute noch eine lebendige Erinnerung an die Fayencefabrik Gieses[18].

Um 1800

Nach der Zeit der Zisterzienser Mönche blieb für Hiddensee mehrere Jahrhunderte lang der Mund der Geschichte verschlossen. Wenige Daten sind vermerkt, die aber nur ein dürftiges Skelett des Geschehenen ergeben. Erst vom Jahre 1800 an lassen sich einige ausführliche und auch anschauliche Berichte finden; sie handeln von den Grundelementen des gesellschaftlichen Lebens, vom Ende der Leibeigenschaft und von der Bodenreform. Da nichts farbiger malen kann, als die Sprache der Zeit, lassen wir jene Jahre mit ihren eigenen Worten zu uns sprechen.

In der „Stralsundischen Zeitung" vom September 1785 findet sich die Bekanntmachung:

„Die Insel Hiddensee, welche ein den Herrn Erben des seeligen Kammeraths Giese zugehörendes Allodium und fast 2½ Meilen lang und an einigen Stellen ½ Meile breit ist, soll unter Vorbehaltung der Obervormundschaftlichen Genehmigung und des Zuschlags des Königlichen Hochlobsamen Hofgerichts verkauft werden. Sie besteht aus dem sogenannten Kloster, wo der Herrschaftliche Hof vor etwa 10 Jahren neu erbaut und die Zimmer zu etwa 11 000 Thaler zur Brandkasse geschätzt worden, wobei ein guter Herrschaftlicher Garten und etwa 5 Lasten Aussaat aller Arten Korns, und Wiesenwachs von 80 großen Hoffudern salzen Heues, so daß eine Holländerei von 60 Kühen und eine Schäferei von 300 Schafen gehalten werden kann, und wo eine 220 Thaler pachtgebende Windmühle und drei Einliegerwohnungen, auch die zur Schlemmung der Fayenceerde befindliche Anlage; aus dem Dorfe Grieben, welches von vier Vollbauern, zwei Halbbauern und elf Einliegern bewohnt wird; dem Dorfe Vitte, worin 21 Käther und 22 Einlieger wohnen; den Dörfern Neuendorf und Plogshagen nebst dem Gellen, wo bis 700 Hammel und 150 Häupter Rindvieh jährlich fett geweidet werden können und der sogenannten Fähre. Sie ist mit der Obern- und Untern-Gerichtsbarkeit, Jagd und Fischereigerechtigkeit, auch zur Feuerung hinlänglich mit Sodentorf versehen, enthält ungefähr 280 Unterthanen und viele freie Einwohner, und hat außer andern jährlichen Recognitionen der freien Schiffer und der vielen sogenannten unterthänigen Segelknechte ansehnliche fixe Einkünfte. Man ist willens, den Versuch eines Aufbots dieser Insel, wobei alle bestellten Winter- und Sommersaaten, Vieh und Ackergeräte gelassen und die Ablieferung Trinitatis 1786 geschehen soll am 19. Oktober d. J. 1785 in der Wohnung der Frau Kammerräthin Giese, zu machen, und sind die Bedingungen zu Hiddensee auf dem Hofe, wo man auch die Freiheit zur Besichtigung der Insel hat und bei dem Hofrath Pommer-Esche zu erfahren. Es wird für die Insel 36 000 Thaler geboten und sollte noch ein Termin anberaumt werden, jedoch wenn alsdann nicht mehr geboten wird, der Zuschlag für 36 000 Thaler erfolgen." (Eine Last Getreide betrug 96 Scheffel.)

Mit dieser Bekanntmachung stehen wir noch mitten in der Zeit der Erbuntertänigkeit. 280 Untertanen und die untertänigen Segelknechte wurden als Aktivposten besonders erwähnt. Damals machten die Erbuntertänigen auf Rügen mindestens zwei Drittel der gesamten Bevölkerung aus. Diese Leibeigenen waren, wie die Juristen sich ausdrückten, homines glebae adscripti, „Menschen, die der Scholle verschrieben sind". Sie hafteten mit ihrer ganzen Vergangenheit, Gegenwart und Zukunft an der Scholle, auf der sie geboren waren und von der sie nicht loskommen konnten. Jede Freizügigkeit fehlte ihnen. Sie waren auch jeder Hoffnung bar, daß ihre Kinder einmal ein besseres Los gewinnen könnten. Denn es war ausdrücklich verboten, Kinder von Erbuntertänigen in die Handwerkslehre zu nehmen. Im günstigsten Falle konnten Leibeigene sich freikaufen. „Um sich frei zu kaufen bezahlt der Mann in der Regel funfzig Thaler, die Frauensperson dreißig"[19]. Das war für die damalige Zeit eine nicht unerhebliche Summe. Für das Land, das ihnen für die eigene Bebauung zur Verfügung gestellt war, mußten die Voll- und Halbbauern auf dem herrschaftlichen Hofe Hand- und Spanndienste leisten; die Kossathen und Einlieger hatten gewisse Tage in der Woche, besonders in der Ernte, Frondienste auf dem Hofe zu verrichten.

Auf Hiddensee war die Lage nicht ganz so ungünstig wie auf dem übrigen Rügen. Joh. Jac. Grümbke berichtet[20], daß von den 800 Einwohnern von Hiddensee die größere Hälfte unter der Leibeigenschaft stand, und daß diejenigen, denen ihre Torfkaten eigentümlich gehörten, der Herrschaft jährlich ein gewisses Grundgeld bezahlten. Er fährt fort: „In den Dörfern Plogshagen und Neuendorf wohnen lauter Freie, unter denen einige für das dortige Feld und die auf dem Göllen zu benutzende Weide, imgleichen für die Erlaubniß, Bernstein am Strande zu suchen, der Herrschaft eine festgesetzte jährliche Pacht entrichten, und im Frühlinge gewisse Pfunde Lachs liefern müssen, derselben aber weiter keine Frohndienste leisten." Ausführlicher noch über die Leistungen der Hiddenseer Leibeigenen erzählt der Dichter Ernst Moritz Arndt[21].

Diese Eigentumsverhältnisse finden ihren Niederschlag auch in den Kirchenbüchern, die damals ja die amtlichen Personenstandsregister waren. Bis 1806 ist sowohl im Taufbuch als auch im Totenbuch und vor allem im Traubuch immer vermerkt, ob die Betreffenden „unterthan" oder „frey" sind. Falls Bräutigam und Braut nicht derselben Menschenklasse angehörten, folgte die Braut dem Bräutigam. Wenn also ein untertäniges Mädchen einen freien Fischer heiratete, wurde sie durch die Heirat auch frei. Und umgekehrt: ein Mädchen verlor ihre Freiheit, wenn sie einen Untertänigen ehelichte. So war am 7. Februar 1800 copuliert: Jacob Hinrich Gau, Seefahrer und Kossathe in Vitte – unterthan; mit Ilse Sophia Niemanns, unterthan geworden. Es mag manches Herzeleid und viel heimliche Tränen gegeben haben, wenn ein freies Mädchen schließlich doch dieses Opfer der Liebe brachte, durch das nicht nur sie selbst, sondern auch ihre Kinder in den Stand der Knechtschaft gerieten. Diese Knechtschaft wurde den Leibeigenen bei einem Wechsel des Besitzers eindrücklich in Erinnerung gebracht. Als Joachim Ulrich Giese Hiddensee erworben hatte, heißt es in der Übergabeverhandlung vom 11. Februar 1754, daß die gesamten Untertanen mit aufgehobenen Schwurfingern dem neuen Herrn den Eid der Treue leisten mußten.

Dieser menschenunwürdige Zustand ist in Preußen durch die Reformen des Freiherrn vom Stein beseitigt worden. Für Rügen und Vorpommern, das bis 1815 zu Schweden gehörte, wurde die Leibeigenschaft im Jahre 1806 von dem König Gustav Adolf IV. aufgehoben mit der Verfügung, daß die Rechte des freien Standes bei dieser Menschenklasse mit dem Jahre 1810 beginnen sollten. Diese Annullierung der Knechtschaft und Schenkung persönlicher Freiheit ward von dem König Carl XIII. von Schweden am 18. Februar 1811 bestätigt.

Für das Dorf Grieben sind damals vier Vollbauern, zwei Halbbauern und elf Einlieger angegeben. Bis vor kurzem gab es in Grieben aber nur kleine Häuslerstellen und Halbhäuslerstellen mit ganz geringem Gartenland, das nicht einmal ausreichte, die für den Haushalt nötigen Kartoffeln zu bauen. Außerdem besaßen die Grieber gemeinsam eine Kuhweide auf dem Bessin. Diese auffallende Verschlechterung der wirtschaftlichen Lage ist als eine Folge der Bauernlegung anzusehen.

Auch nach der Aufhebung der Leibeigenschaft blieb das Land, das die Bauern, Kossathen und Einlieger für sich bearbeiteten, im Besitz der Grundherrschaft. Für die weitere Benutzung mußten die Betreffenden irgendwelche Hofdienste leisten oder Pacht bezahlen. Diese Regelung hatte bereits vor der Bauernbefreiung der Hauptmann von Bagevitz, der die Insel Hiddensee im Jahre 1800 von den Erben Gieses gekauft hatte, für Grieben eingeführt. Und nun setzte die Bauernlegung ein.

Bauernlegen bedeutete das Einziehen von Bauerngütern durch die Gutsherrschaft und die Wiedervereinigung des bäuerlichen Landes mit dem Gute. Dies hatte den Zweck, das Einkommen der Herrschaft durch unmittelbare Bewirtschaftung des meist nur geringe Beträge abwerfenden Pachtlandes zu erhöhen. Das war eine für die Erhaltung einer gesunden Landbevölkerung höchst verderbliche Maßnahme, die schon im 17. und 18. Jahrhundert mehrfach verboten wurde. Das Bauernlegen trat im allgemeinen ein, wenn die Bauern ihre Pacht nicht zahlen konnten oder sonst irgendwie bei der Grundherrschaft in Schulden gerieten. Dann wurde ihnen kurzerhand das Land fortgenommen. Zudem wurde das Bauernlegen meist mit schonungsloser Härte durchgeführt. So hat mir der Fischer Ferdinand Gau in Grieben mit Erbitterung berichtet, wie man nach den Erzählungen seines Großvaters dem Urgroßvater plötzlich das Land wegnahm und ihm obendrein seine drei Pferde aus dem Stall holte. Durch die Bodenreform ist Grieben nun wieder zu einem Bauerndorf geworden, in dem die Siedler auf eigener Scholle sitzen.

Im Dorfe Vitte gab es damals 21 Käther und 22 Einlieger. Heute sind nur noch drei volle Kossathen und vier Halbkossathen vorhanden. Hier ist die Verminderung freilich nur durch Erbteilung zustande gekommen. Noch im Jahre 1833 lebten in Vitte 20 Kossathen, 1855 gab es bei der Aufteilung der Gemeindefeldmark 19 Kossathenhöfe. Wenn es auch verständlich ist, daß jeder Sohn und jede Tochter Anteil am Vatererbe haben möchten, ist doch das Zusammenschrumpfen der kleinen Bauernstellen in Vitte sehr zu bedauern.

Die für Kloster erwähnte Windmühle hat auf dem sogenannten Mühlenberge gestanden, wo 1912 das Hotel Zum Dornbusch errichtet worden ist. Der Name „Mühlengraben" erinnert noch daran. Kloster ist übrigens derjenige Ort der Insel, der sich während des letzten halben Jahrhunderts am meisten verändert und vergrößert hat. Grümbke schreibt noch 1819[22]: „Neben dem Hofe, südwestwärts, liegt das Dorf Kloster mit der Kirche, dem Pfarrhofe, der Mühle und dem Kruge." Also abgesehen von der Kirche standen dort nur drei Gebäude. Selbstverständlich gab es in Kloster auch keine Schule.

Der Chronist Johann Jacob Grümbke hat uns ein eindrucksvolles Bild des alten Hiddenseer Lebens hinterlassen[23]. Er schreibt im Jahre 1805 nach der damaligen Sitte in Form von Briefen: „Die meisten Häuser des Dorfes Vitte, des größten und volkreichsten der Insel, sind elend gebauet ... und dennoch haben die krüppelhaften Gestalten dieser Hütten mit ihren Bekleidungen von Seegras, ihrem Gemäuer von Torf oder Feldsteinen und ihren kleinen Kucklöchern, die zuweilen aus geborgenen Schiffsfenstern bestehen, zum Theil etwas Pittoreskes ... In der Gegend zwischen Vitt und Neuendorf befindet sich ein ergiebiger Torfstich, der von der ganzen Insel, welcher es an Brennholz völlig mangelt, benutzt wird, es ist aber nur Rasen- oder Sodentorf, welcher unerträglich stinkt und wovon alle Dorfwohnungen durchräuchert sind; arme Leute brennen überdem noch wohl getrockneten Kuhmist, der so wenig im Stande ist, den Torfgeruch zu mildern, daß, wie man im Sprichwort sagt, der Teufel hier durch Beelzebub ausgetrieben wird. Gleichwohl ist diese Naturgabe des Torfes für die Bewohner von der höchsten Wichtigkeit, sie ist nicht nur ihr Haupt-Material zur Feuerung, sondern dient ihnen auch statt der Backsteine und Mauerspeise. ... Fast alle Einwohner sind groß, etwas gelb von Angesicht, blauäugig, blondhaarig, schlank von Wuchs, aber träge in ihrem Gange und ihren Verrichtungen und man will sie der Faulheit und des Eigennutzes beschuldigen. Die Kleidung der Männer besteht in einer Matrosenjacke, gewöhnlich von eigengemachtem gestreiftem Zeuge, welches Warp und Ziegöth genannt und auch überall auf Rügen vom geringen Manne getragen wird, und weiten leinenen Schifferhosen. Im Sommer gehn sie meistens barfuß oder tragen plumpe Pantoffeln mit hölzernen Sohlen. Da der Ackerbau ihnen wenig einträgt, so treiben sie den Fischfang als ihr vorzügliches Gewerbe, und auch diese mühselige Beschäftigung bringt ihnen selten Reichthum. Einige hat indeß die Schiffahrt wohlhabend gemacht; die meisten aber derer, die zur See gehn ... bleiben nur ein Jahr aus und leben den Winter über in den Dörfern lustig, bis der im Sommer erworbene Lohn verthan ist, worauf sie sich aufs neue als Matrosen vermieten; doch sollen sie von ihren Schiffskameraden wegen ihrer Sprache und mancher Eigenheiten sehr verspottet werden. Ihre Sprache hat auch wirklich etwas widerliches, sie ist ein gedehntes singendes, ich möchte sagen, beinahe weinerliches Plattdeutsch, mit vielen Schiffer- und Fischerausdrücken vermischt, das aus dem Munde der Männer noch schleppender klingt als der Weiber, die überhaupt redseliger zu seyn scheinen. ...

Ein auffallendes, wenn gleich bekanntes Phänomen ist es, daß alle Insulaner eine besondere Anhänglichkeit an ihr Heimathsland haben, bei den Hiddenseern zeigt sich aber diese Vorliebe für ihr süsses Ländchen in einem so hohen Grade, daß sie es nirgendwo aushalten können, sondern immer wieder nach ihrer, wie sie wähnen, von Gott hochbegnadigten Insel zurückkehren und man hat Beispiele, daß alte Seeleute nach vielen Jahren sich wieder einfanden, um in die väterliche räucherige Torfhütte einzukriechen."

Den Anblick dieser Torfhütten hat uns ein Bild erhalten, das der Maler Nieny im Jahre 1860 vom Norderende von Vitte gemalt hat. Es zeigt alte, armselige, urtümliche Häuser mit den niedrigen Wänden und dem hohen, spitzen Dach. Dieses Bild war durch den Kunsthandel in den Besitz des Greifswalder Kirchenhistorikers Victor Schultze gekommen und nahm in seinem Empfangszimmer einen Ehrenplatz ein. Dort sah ich es bei einem Besuch bei meinem alten Lehrer, dessen Famulus ich lange Zeit war. Ich erkannte es sofort als Darstellung eines Motivs von Hiddensee und teilte meine Entdeckung später dem Direktor der Biologischen Forschungsanstalt mit. Nach dem Tode des Professors Victor Schultze wurde das Bild von der Tochter des Verstorbenen der Biologischen Forschungsanstalt als Geschenk überwiesen. Dort hängt es auch jetzt noch, und wenn einmal das schon lange geplante Hiddenseer Heimatmuseum Wirklichkeit wird, wird es auch dort einen Ehrenplatz einnehmen.

Eine ähnliche Ansicht derartiger alter Häuser haben wir noch in einer Sepiazeichnung von Antonie Biel aus dem Jahre 1865, die sich im Besitz von Herrn Otto Baier in Vitte (Mühlenhof) befindet. Als ich 1896 zum ersten Male auf der Insel war, existierte auf dem Süderende von Vitte noch solch eine alte Räucherkate von nahezu quadratischem Grundriß, ohne Schornstein, mit einem spitzen Dach, das keinen First aufwies. Da ich mich schon als Student für alle frühzeitlichen Dinge interessierte, sah ich mir das Haus von außen an. Der Besitzer hinderte mich leider daran, einen Blick in das Innere zu tun. Er war gewiß derartigen Besichtigungen schon oft ausgesetzt worden und schätzte sie nicht.

Leider schlugen die Bemühungen, dieses alte Haus als eine Art Heimatmuseum zu erhalten, fehl. Es war bereits verschwunden, als ich im Herbst 1903 als Pastor nach Hiddensee kam. Der sehr handgeschickte Leuchtfeuerwärter Emil Wenzlaff hatte aber eine maßstabgerechte Nachbildung dieses Hauses angefertigt, mit einem abnehmbaren Dach, so daß man die Inneneinrichtung betrachten konnte. Seine Nachbildung war zunächst in dem Gasthause von Karsten in Plogshagen ausgestellt. Sie befindet sich jetzt im Heimatmuseum in Stralsund. Dieser Rauchkaten war offenbar der letzte Rest der von Grümbke beschriebenen Vergangenheit der Insel vor 150 Jahren.

Der Hiddenseer Pastor Kirchner hat 1833 in der „Sundine"[24] ebenfalls von der singenden Mundart der Hiddenseer berichtet: „Die Bewohner reden in plattdeutscher Mundart", so schreibt er, „wiewohl sie alle hochdeutsch verstehen, sie betonen aber eigenthümlich ihre Wörter, und einige Familien haben etwas Singendes in ihrer Sprache, daher sie, wenn sie unter sich sprechen, dem Fremden, der sonst auch Plattdeutsch versteht, allerdings oft unverständlich seyn können."

Diesen etwas singenden Tonfall habe ich noch vor fünfzig Jahren bei den „Südern", den Bewohnern von Neuendorf und Plogshagen, ebenfalls ganz ausgeprägt gefunden. Damals waren die „Süder" an ihrer Aussprache unfehlbar von den Vittern zu unterscheiden. Im Laufe der Jahrzehnte hat sich diese Eigenart im Umgang mit den Fremden allmählich abgeschliffen, so daß nur noch verschwindende Anklänge davon bei älteren Leuten zu hören sind.

Ganz gewiß hat der Chronist Grümbke, der die Insel und ihre Bevölkerung immer nur vorübergehend besucht hat, während Kirchner viele Jahre mit den Hiddenseern zusammenlebte, vieles zu kraß gesehen. Er hat auch die Hiddenseer sehr zu Unrecht der Faulheit beschuldigt. Sie haben nur die gemächlichen, aber sicheren Bewegungen, die aller Küstenbevölkerung im Norden eigen sind, und wer sie näher kennenlernt, wird sie liebgewinnen müssen.

„Die Siebenundfünfziger"

Als ich nach Hiddensee kam, hörte ich noch öfter von den „Siebenundfünfzigern" sprechen. Mir wurde bald klar, daß es sich hier um eine besonders bevorrechtete Klasse Menschen handelte, die in Vitte in der zweiten Hälfte des vergangenen Jahrhunderts eine bedeutsame Rolle gespielt haben.

Nachdem das Kloster zum Heiligen Geist in Stralsund Hiddensee käuflich erworben hatte, wurden die Hofdienste als letzte Reste der Leibeigenschaft endgültig abgelöst. Bis dahin hatten ein Kossath oder ein Häusler mit einem Mann, die Kossathen auch mit Pferden, bestimmte Tage in der Woche ihre Dienste leisten müssen.

Ein Rezeß vom 22. Dezember 1854 beseitigte diese Reallasten, an deren Stelle jährlich zu zahlende Renten traten. Die festgesetzte Ablösungssumme sollte nach sechsundfünfzigeinhalb Jahren abgetragen und amortisiert sein. Die Rentenzahlungen hörten also im Jahre 1911 auf; es hat somit ein Jahrhundert gedauert, bis auch die Nachwehen des menschenunwürdigen Zustandes der Leibeigenschaft tatsächlich verschwunden waren und die Fischer zu echtem Eigentum ihres Grund und Bodens kamen, über den sie nach eigenem Willen verfügen durften.

In jenem Rezeß war nun festgelegt: „Der Außen- und Binnenstrand mit der bisherigen Fischereinutzung ist ein Eigentum der 21 Kossathenhöfe und der 36 Häuslerstellen, vorlängst der Vitter Feldmarkgrundstücke, und zwar unter sich zu gleichen Teilen." Das war eine sehr nachhallende Bestimmung, die 57 Besitzern zeitlich unbegrenzte Vorteile sicherte, aus denen sie ihren Stolz und ihre Sonderstellung gewannen.

Die „Siebenundfünfziger" besaßen also die Strandrechte, wohlgemerkt, nur s i e allein. An ihnen nahmen die nachwachsenden Generationen keinen Teil, obwohl auch sie sich wie ihre Vorfahren als Fischer auf dem Wasser betätigten. Sie besaßen nun keinen Strand, auf dem sie ihre Boote aufziehen konnten, und kein Land, wo sie ihre Netze zum Trocknen ausbreiten durften. Natürlich ging es nicht an, ihnen ihr Lebensrecht und das Recht auf ihre Arbeit zu kürzen. So verkauften ihnen die Siebenundfünfziger dieses Recht. Die Abgaben dafür betrugen zwischen 3 Mark und 7,50 Mark für jedes Jahr. Das wurde durch einen Beschluß der Fischereiberechtigten vom 1. Juli 1890 festgesetzt, der mit der Drohung schloß: „Sollte sich ein Zahlungspflichtiger diese Beiträge zu zahlen weigern, so wird demselben nach vorausgegangener Mahnung das Recht, die bewußten Plätze zu betreten, gänzlich entzogen werden."

Es konnte natürlich nicht ausbleiben, daß sich im Laufe der Zeit Konflikte einstellten zwischen diesen Siebenundfünfzigern und dem anderen Teile der fischenden Bevölkerung. Sie traten um so häufiger ein, nachdem sich die Treckerpartien, zum

Beispiel die „Maracher", gebildet hatten, deren Mitglieder zum größten Teil keine Fischereirechte besaßen. Man geriet oft hart aneinander, und Zahlungsweigerungen waren an der Tagesordnung. Aber die Alteingesessenen hielten zäh an ihren Rechten fest, denn sie hatten es ja schwarz auf weiß. Da jedoch der Ansturm gegen ihr altes Recht immer heftiger wurde, übergaben die Siebenundfünfziger ihre Sache einem Rechtsanwalt, um ihr Nachdruck zu verleihen. Ihr Rezeß verschwand nun während des Krieges auf unerklärliche Weise bei diesem Anwalt. Dazu kam, daß als Dorfschulze, dessen Amt bisher immer von einem der Siebenundfünfziger wahrgenommen worden war, jemand gewählt wurde, der dieser alten Vorrechte bar war. Es war der Tischlermeister Theodor Niemann, ein wackrer Sozialist, der hier und auch sonst von besonderen Vorrechten einzelner nichts wissen wollte. Infolge seiner Einschaltung verschwanden die alten Rechte klanglos in der Versenkung, und jetzt erzählen nur noch die alten Leute davon, wenn sie der „guten alten" Zeit gedenken.

Etwa gleichzeitig mit der Ablösung der Hofdienste ging auch die sogenannte Gemeinheitsteilung vor sich. Man spricht auch von der Separation. Vor allem wurde damals die gemeinsame Hütung zwischen dem Dorfe und der Fährinsel aufgehoben. Auf diesem Terrain, das gemeinsamer Besitz des Dorfes war, hatten die Vitter je nach Belieben ihre Kühe weiden lassen. Auch Schafe und Lämmer suchten dort ihre Nahrung. Ein gemeinsamer Torfstich war vorhanden, von dem das Wasserloch der großen Dunt noch ein Überbleibsel ist. Im Herbste erfreuten sich Hunderte von Gänsen auf dieser Weide ihres Lebens. Ein alter Fischer, der Großvater des jetzigen Fischers Karl Ewert auf dem Süderende, der mir viel von alten Zeiten erzählt hat, sagte einmal: „Herr Pastor, dat könen Sei sich gor nich vörstell'n. Von hier bet na de Fähr wir in'n Harwst allens witt von Gäus'. Un de ganzen Wischen, dat wir all ein Gaussschiet."

Der über diese Teilung aufgestellte Rezeß trägt das Datum vom 8. Oktober 1866. Nun bekam jeder Kossath und Häusler sein besonderes Weidestück. Die Viehwirtschaft mußte freilich eine Wandlung erfahren. Die ausgedehnte Gänsezucht nahm ein Ende, aber die Teilung hatte den großen Vorzug, daß jeder einzelne nun dafür sorgte, sein Wiesenstück gut zu pflegen.

„Die Süder"

Überall an der Küste sind es die Himmelsrichtungen, nach denen die Menschen sich orientieren. Da unsere Insel sich fast genau von Norden nach Süden erstreckt, wird es den Hiddenseern besonders einfach gemacht. In Vitte gibt es ein Norder- und ein Süderende. Man spricht von einer Ost- und von einer Weststube, und oft habe ich es erlebt, wenn ich bei einer Beerdigung an der offenen Gruft stand, der Sarg eingesenkt war und nun zurecht gerückt werden sollte, daß es dann hieß: „Noch en bäten nurdlicher dat Koppenn'", oder „'ne Kleinigkeit oostlicher!" So nennt man eben die Bewohner des südlichsten Inseldorfes die „Süder", und diese „Süder" sind auch ein besonderer Schlag.

Ich war als junger Geistlicher der Meinung, daß es unpassend sei, auf der Insel in Wind und Wetter im schwarzen Rock herumzulaufen, wie ich das noch auf meinen Hilfspredigerstellen in Westfalen getan hatte. Ich ließ mir ein Paar Juchtenstiefel machen, kaufte eine dicke Joppe und legte mir eine Schirmmütze zu. In diesem Ornat machte ich mich nach Neuendorf auf, um mit meinen ersten Gemeindebesuchen zu beginnen.

Kurz vor dem Dorfe kam mir ein Süder entgegen, auf dem Kopf die blaue Mütze, den Schirm schräg nach links gerückt, wie die Süder damals ihre Mützen trugen. Dazu hatte er ein Paar große Fausthandschuhe an, die durch je zwei Daumen eine charakteristische Form erhielten. Der eine der beiden Däumlinge ist ausgefüllt, denn der richtige Daumen steckt darin. Der andere baumelt schlapp und traurig an der Außenseite der Hand herunter; denn er ist leer und stellt einen Reservedäumling vor. Wenn beim Arbeiten im Boot während des Fischfangs die Innenseite des Handschuhs naß geworden ist, dreht man die Hand in dem Handschuh um und fährt mit dem Daumen in den trockenen Däumling. Das ist sehr praktisch.

Da ich diesem Fischer eine völlig unbekannte Erscheinung war, blieb er stehen, musterte mich von oben bis unten und brach schließlich in die Worte aus: „Na, wat wist du denn hier?" – „Oh", sagte ich, „ick will de Lüd hier besäuken und denn de Schaul revidieren." Darauf ein langes Gesicht und die verdutzte Antwort: „Je, denn möt ick woll Sei tau di seggen." Worauf ich ihm erklärte, daß ich der neue Pastor sei.

Das Dorf selber gewährt einen eigenartigen Anblick. Sieht man Neuendorf vom Dampfer aus, so scheint es fast, als ob die Häuser auf dem Wasser schwämmen, so flach und eben ist das Land. Aber man irrt. Wenn man dem Volksmund glaubt, so existieren dort sogar richtige Berge. Es gibt einen Schulberg, einen Plauderberg, ja, sogar einen Königsberg. Die Häuser sind in Reihen, die sich gradlinig von Westen nach Osten hinziehen, erbaut, und zwar auf Bodenwellen, die regelmäßig mit flachen Tälern wechseln. Diese Bodenwellen, das sind die „Berge". Auf diese niedrigen Erhöhungen hat man die Häuser gesetzt, schon damit nicht bei jedem Hochwasser das Wasser in die Stuben läuft.

Nach jenem ersten Besuch bin ich oft bei den Neuendorfern gewesen, und immer wieder ist es mir eindrucksvoll entgegengetreten, daß die „Süder" unter den übrigen Hiddenseern etwas Besonderes sind. Das hat wohl zum Teil ihre isolierte Lage mit sich gebracht. Auch mögen noch andere Umstände mitgewirkt haben, den Südern eine gewisse Sonderart aufzuprägen. Sie nennen ein betontes Selbstbewußtsein ihr eigen. Das mag damit zusammenhängen, daß die Neuendorfer und Plogshagener in früheren Jahrhunderten niemals leibeigen gewesen sind. Noch ausgebildeter als in Vitte ist ihr Gemeinschaftssinn. Die Bewohner des Dorfes bilden tatsächlich eine Arbeitsgemeinschaft. Da die großen Netze mit ihrem Zubehör an Reusenpfählen zu kostspielig sind, um von einem einzelnen angeschafft werden zu können, und überhaupt die dort betriebene Fischerei die gemeinsame Arbeit mehrerer Fischer erfordert, haben sie sich zu sogenannten Partien zusammengeschlossen. Es sind derer im Süden zwei, „de groot Parti" und „de lütt Parti", ursprünglich nach der Anzahl ihrer Mitglieder so bezeichnet. Würde inzwischen einmal „de lütt Parti" über mehr Mitglieder verfügen als „de groot Parti" und somit eigentlich ihrerseits zur „groot Parti" geworden sein, würde sie doch immer ihren alten Namen behalten. Jede Partie hat einen eigenen Schuppen, in dem die Netze und die anderen Fischereigerätschaften aufbewahrt werden. In nächster Nähe werden auch die gemeinsamen Arbeiten des Netzeflickens und dergleichen ausgeführt. In dem Schuppen ist noch eine kleine Kammer, in der zu Beratungen zusammengekommen und das gemeinsam erworbene Geld geteilt wird. Bei dieser Teilung wird immer eine gewisse Summe für die Anschaffung neuer Geräte zurückgelegt. Diese ganze Einrichtung ist uralt, und recht besehen, haben die Neuendorfer immer in einem praktischen Kommunismus gelebt. Ihre gemeinsamen Arbeiten werden mit Hilfe der Hausmarken ausgekabelt, über die in einem besonderen Abschnitt noch eingehend berichtet werden soll.

Die gemeinschaftliche Arbeit bei der Fischerei hat auf das ganze Leben der Neuendorfer Einfluß genommen. Ich kam einmal in der Woche vor Pfingsten nach Neuendorf und sah zu meinem Erstaunen, als ich die erste Häuserreihe erreicht hatte, daß überall sämtliche Möbel und Hausgeräte vor den Türen auf dem Rasen standen. Ich traute zuerst meinen Augen nicht, als sich das Haus bei Haus wiederholte, als wollte das ganze Dorf aus- oder umziehen. Auf meine erstaunte Frage erhielt ich die Antwort: „Wi witten!" Alle hatten zum Pfingstfest ihre Häuser ausgeräumt, um die Zimmer sauber mit Kalk zu weißen, sicher der gesündeste Anstrich der Wände. Um nun in der Fischerei keine der gemeinsamen Arbeiten zu versäumen, wurde eben ein Tag verabredet, an dem alle weißen wollten. Da darf keiner aus der Reihe tanzen. Wehe ihm!

Ein ähnliches Schauspiel kann man erleben, wenn man an einem stürmischen Tage nach Neuendorf kommt. Da sind fast hinter jedem Haus zwei Männer mit Holzsägen beschäftigt, natürlich an einem Giebel, der Windschutz gewährt. Also in jeder Beziehung halten die Süder auf eine vorbildliche Zusammenarbeit und auf ein williges Unterordnen unter die Gemeinschaft.

Auch ihre große Verschwiegenheit in allen Angelegenheiten ihres Berufes hängt damit zusammen. Ein Kossath in Vitte hatte zwei Söhne, die in Neuendorf verheiratet waren. Ich fragte ihn einmal im Herbst: „Hem'n dei Süder eigentlich gaud fongen un verdeint?" „Je, Herr Pastor", sagte er, „dat weit ick nich." „Nanu", erwiderte ich, „Sei hem'n doch twei Jungens in Süden un denn weiten Sei dat nich?" Seine Antwort, die erst nach langem Zögern kam, lautete: „Je, dei dörben mi nicks seggen oder sei gäben mi tau Antwurt: ‚Je, Vadder, dat möt jo so gahn.'"

Vor etwa fünfzig Jahren konnte man die Süder noch an ihrer etwas singenden Sprache von den Vittern unterscheiden. Diese Spracheigentümlichkeit hat sich erst allmählich durch den Umgang mit den Fremden verloren. Auch sonst gibt es in Neuendorf noch manche Sitten, die in den anderen Dörfern weniger üblich sind und im Laufe der Zeit mehr und mehr verschwanden, wie die eigenartigen Hochzeitsbräuche.

Zur Hochzeit wurde durch einen Hochzeitsbitter geladen, der in die Häuser der Einzuladenden ging oder vielmehr tanzte. Er trug einen mit Blumen umwundenen Stab, dessen Spitze ein Blumenstrauß schmückte, das sogenannte „Hochtidspird". Mit diesem „Hochtidspird" in der Hand sprang er, sich immer um sich selbst drehend, durchs Dorf und brachte seine Botschaft an. Solch ein Hochzeitsbitter mußte nicht nur ein behender und gelenkiger Mann sein, sondern auch ein trunkfester Mann, denn überall, wo er zur Hochzeit bat, bekam er einen Schnaps oder vielmehr zwei Schnäpse, weil man auf einem Bein nicht stehen kann. Darum hatte er also, wenn sein Rundgang beendet war, ein recht ansehnliches Quantum Alkohol in sich aufgenommen. Die Zahl der Hochzeitsgäste war meist beträchtlich. Selbst wenn man nur die nächsten Verwandten und Nachbarn bat, kamen gut 40 bis 50 Personen zusammen, weil das halbe Dorf durch das jahrhundertelange Untereinanderheiraten verwandt war. Daß jemand aus Vitte nach Neuendorf heiratete, gehörte früher zu den Ausnahmen.

Als ich 1903 nach Hiddensee kam, nahmen die Hochzeitsfeierlichkeiten folgenden unverbrüchlich feststehenden Verlauf: am Donnerstag war Polterabend, der mit Rücksicht auf die am nächsten Tage angesetzte Trauung nicht allzulange ausgedehnt wurde. In Neuendorf war es üblich, die Trauung im Hause vollziehen zu lassen. Das hatte den großen Vorzug, daß die ganze Hochzeitsgesellschaft der Feier beiwohnen konnte, während bei den Trauungen in der Kirche außer dem Brautpaar meist nur die Brautführerpaare anwesend waren.

Nach der Trauung kam das Mittagessen. Die Speisenfolge stand fest. Auf die Brühsuppe folgte gekochter Hecht, der gemeinsam von den Verwandten des Brautpaares in den voraufgegangenen Tagen gefangen worden war. Dann gab es Kalbsbraten oder Schweinebraten. Entweder war ein gemästetes Kalb geschlachtet worden oder das beste Schwein hatte sein Leben lassen müssen. Zum Braten standen Schüsseln mit Kompott auf dem Tisch. Den Abschluß bildete eine weiße Grießspeise mit roter Tunke oder eine rote Speise mit gelber Tunke. Dazu wurde Bier getrunken. Während der ganzen Mahlzeit wurde Tischmusik gemacht, meist nur von einem Treckbüdel. Sollte es etwas Besonderes sein, ließ man die Kapelle von Karbe aus Stralsund kommen, die leidlich spielte und vor allem eine taktfeste Tanzmusik lieferte, die durch humoristische Vorträge des Kapellmeisters Karbe unterbrochen und gewürzt wurde. Die Kosten der Musik trugen die eingeladenen Gäste; ab und an ging ein Teller herum, auf den man seine Gabe für die Musikanten legte. Karbe spielte gern auf Hochzeiten in Neuendorf, weil dort das finanzielle Ergebnis immer gut war. Es gab übrigens auch einen Sammelteller für die „Kökschen" (Köchinnen), die an solch einem Tage tüchtig heran mußten. Auf dem Teller der Kökschen lag Salz, in das man sein Geldstück steckte.

Dieser Tag und die anschließende Nacht wurden intensiv mit Tanzen, Gesang und Trinken verbracht. In Abständen ging die Schnapsflasche herum; die Frauen und Mädchen bekamen einen „Süßen" (Likör). Wehe dem, der inzwischen nach Hause ging, um ein Schläfchen zu tun. Freilich mußte das Vieh besorgt werden oder man mußte nach den Kindern sehen. Blieb aber einer zu lange aus und geriet in Verdacht, sich zum Schlafen gelegt zu haben, machten sich etliche junge Burschen mit einer Schiebkarre auf und holten den oder die Entflohene zurück, und zwar in dem Zustand, in dem sie sich gerade befanden. Da saßen dann diese Unglückswürmer mit den notwendigen Kleidungsstücken unter dem Arm auf der Karre und wurden zurückgefahren.

Die eigentliche Hochzeit fand stets an einem Freitag statt, dem Wochentage, welcher der altgermanischen Göttin Freya, der Schützerin der Ehe, heilig war. Sicher eine uralte Tradition, über deren Bedeutung sich natürlich keiner mehr klar war. Am Morgen nach der Hochzeit wurde der Brautkranz abgetanzt, bei gutem Wetter draußen vor der Haustür auf dem Rasen. Am Sonnabend war Ruhetag. Am Sonntagvormittag ging das junge Paar zur Kirche in Begleitung der nächsten Verwandten. Nachmittag und Abend bildeten den Ausklang des Festes, an dem in guten Zeiten unglaublich viel gegessen und getrunken wurde.

Gelegentlich wurden auch Umzüge durchs Dorf gemacht oder allerlei Scherze aufgeführt. Besonders beliebt war der „Dudelkasten" (Leierkasten). Man nahm ein Gestell, wie es zum Transport von Schweinen gebraucht wurde, ein Treckbüdelspieler setzte sich in den Kasten und wurde mit einer Decke zugedeckt. Irgendwo an der Seite des Kastens wurde eine Kurbel angebracht. Sowie diese Kurbel gedreht wurde, begann der

Treckbüdelspieler seine Musik. So ging dieser Zug durch das ganze Dorf und hatte bald die Jugend geschlossen hinter sich.

Hausmarken

Geht man den Weg von der Heiderose nach Neuendorf, wird einem besonders im Frühling auffallen, daß längs des Weges in kürzeren oder längeren Abständen mit dem Spaten Zeichen in die Grasnarbe gestochen worden sind. Fast sieht es aus, als wären es lateinische Buchstaben, doch bei genauerem Hinsehen erkennt man Gebilde, die aus graden Linien zusammengesetzt sind, zum großen Teil viel zu verwickelt, um lateinische Buchstaben darzustellen. Besteigt man ein Segelboot, findet man auf allen Geräten des Bootes, wie Riemen, Bootshaken und dergleichen, dieselben Zeichen eingeschnitten. Und wohnte man vor einigen Jahrzehnten noch einer Fischerhochzeit in Neuendorf bei, bemerkte man mit Verwunderung, daß die hölzernen Griffe der Messer und Gabeln dieselben wunderlichen Zeichen trugen. Es sind Hausmarken.

Hausmarken! Dieses Wort besagt eindeutig, was diese Zeichen vorstellen. Es sind Marken, die am Hause haften. Jedes

Haus in Neuendorf und Vitte und auch die älteren Häuser in Kloster und Grieben haben ihre Marke. Und das Wesentliche ist, daß diese Marke am Hause, nicht an der Person des jeweiligen Eigentümers haftet. Wird ein Haus verkauft, nimmt nicht etwa der Verkäufer die Marke als persönliches Charakteristikum mit, sondern mit dem Hause geht die Marke in das Eigentum des Käufers über. Im Laufe der Jahrhunderte haben daher die verschiedenen Geschlechter die gleiche Marke besessen. Nur wenn ein Grundstück geteilt wird, behält der Abgezweigte die alte Marke mit einer leichten Abänderung, einer Abmarke.

Es mag auch in anderen Teilen Deutschlands ähnliche Zeichen geben, aber Hiddensee ist eine der ganz wenigen Stellen, wo diese Marken noch in lebendigem Gebrauch stehen. Sie dienen zur Kenntlichmachung von Besitzstücken. Vor allem aber dienen sie den Fischerkompagnien in Neuendorf und Vitte noch heute dazu, die Arbeiten, die mit der Ausübung der Genossenschaftsfischerei verbunden sind, auszulosen. Die Marken sind auf kleine Holz- oder Korkstückchen geschnitten, die etwa einen Zoll lang sind. Diese Kaweln, wie man sie nennt, werden in eine Mütze getan. Einer der Fischer greift hinein und nimmt nacheinander so viele Kaweln heraus, wie für die vorzunehmende Arbeit Hilfskräfte benötigt werden. Ein sehr einfaches, urtümliches Verfahren, das jede Schreiberei erspart. In Neuendorf ist es noch heute Sitte, in den Fischereischuppen die Marken der Ausgelosten mit Kreide auf den Balken zu schreiben, auf dem die Dachsparren ruhen. Wird eine neue Auslosung erforderlich, wischt man die Kreidestriche einfach aus. Hausmarken benutzt man in Neuendorf auch bei der alle fünfzehn Jahre wiederholten Auskawelung der einzelnen Wiesenstücke. Mit dem Spaten sticht man das Zeichen vorläufig in den Rasen, um nachher kleine Holzstäbe mit den Marken in die Erde zu stecken.

Diese Hausmarken sind sicherlich uralt und stehen viele Jahrhunderte lang in Gebrauch. Im Jahre 1833 schreibt der damalige Pastor Kirchner von Hiddensee[25]: „Jede Familie hat ihr Hauszeichen, wie das eines Ankers, halben Ankers u.s.w., welches auf ihre Geräthschaften eingeschnitten oder gezeichnet ist." Die ältesten uns erreichbaren Zeugen für das Vorhandensein der Hausmarken sind alte Grabsteine auf Hiddensee. Solche alten Steine sind auf dem Kirchhof gleich links vom Aufwege zur Kirche von mir aufgestellt worden. Höchst merkwürdig und genauer Beachtung wert sind zwei Steine, auf deren einem eingemeißelt ist „A-o 1736", darunter eine Hausmarke. Eine Generation später findet man auf dem anderen Steine „1773", dann ebenfalls die Hausmarke, dieses Mal mit einer Abmarke versehen. Das Staunenswerte daran ist, daß kein Name auf dem Stein vermerkt ist, nur das Todesjahr und die Hausmarke. Auch andere Steine beweisen, daß diese einfachste Art der Grabschrift damals üblich war. Name ist Schall und Rauch. Es spricht eine ganze Lebensauffassung und Weltanschauung aus diesen lakonischen Inschriften zu uns. Eine Lebensauffassung, nach der der einzelne in seinem Geschlecht, seiner Sippe, seiner Arbeitsgemeinschaft aufgeht.

Welchen Ursprung können diese Hausmarken wohl haben? Sind die Striche willkürlich aneinandergesetzt worden oder ist eine zweckvolle Entstehung anzunehmen? Betrachtet man neben der Liste der Hausmarken das Runenalphabet, springt auf den ersten Blick die Ähnlichkeit der Hausmarken mit den Runen in die Augen, und man kann sich schwer entschließen, hier an einen Zufall zu glauben. Könnte man sich nicht denken, daß etwa die ersten deutschen Kolonisten, die aus Westfalen und Ostfriesland gekommen sind, ihre Hausmarken aus der alten Heimat mitgebracht und nach der neuen Heimat Hiddensee verpflanzt hätten? Oder daß die Rune, die den Anfangsbuchstaben des Kolonisten bildete, als Hausmarke angenommen wurde? Später kam dann bei Teilung einer Familie eine Abmarke nach der anderen zu dem Urzeichen dazu. Unmöglich wäre das nicht. Ja, man könnte mit Aussicht auf Erfolg sogar diese Entwicklung der Hauszeichen aus den Runen an etlichen Beispielen darlegen.

Diese Fragen sind noch ungeklärt, doch wir haben jedenfalls in den Hausmarken ältestes Erbgut des Volkes vor uns, dem unsere Achtung gebührt. Und wir wollen wünschen, daß der lebendige Gebrauch der Hausmarken auch weiter erhalten bleibt und dieses Erbgut alter Zeit nicht in Vergessenheit gerät, so wie die alten, schönen Trachten der Mönchguter im Laufe der letzten Jahrzehnte verschwunden sind.

Als Student auf Hiddensee

Es war im Jahre 1896. Ich war Student der Theologie im sechsten Semester, 21 Jahre alt, voll Jugendmut und Frohsinn. Da bereits damals archäologische Neigungen in mir schlummerten, hörte ich bei dem Kirchenhistoriker Victor Schultze in Greifswald – von den Studenten „Katakomben-Schultze" genannt, weil er sich viel mit den römischen Katakomben beschäftigt hatte – christliche Archäologie und war allmählich zu seinem Famulus aufgerückt. Ich hatte seine Sammlung und seine Bibliothek zu betreuen und bei seinen mit Projektionen verbundenen Vorlesungen den Lichtbildapparat zu bedienen; das machte mir großen Spaß. Nun hatte mir Victor Schultze als Entschädigung für meine Tätigkeit am Schluß des Semesters 150 Mark geschenkt, eine für die damalige Zeit und für einen Studenten enorme Summe, mit der ich etwas Rechtes anfangen wollte.

Die Wahl fiel mir nicht schwer: ich fuhr nach Hiddensee. Dieses wunderbare Eiland hatte ich zu Pfingsten des gleichen Jahres für ein paar Tage besucht, und zwar zusammen mit dem früheren Pastor der Insel, Martin Wilde, der vor kurzem die Pfarre in meinem Geburts- und Heimatort Neuenkirchen bei Greifswald übernommen hatte. Begeistert hatte er uns die paradiesischen Schönheiten der Insel gepriesen, aber seine Schilderungen wurden von der Wirklichkeit weit übertroffen. Und tief und unverlierbar prägt sich mir schon in den wenigen Tagen – es mögen drei oder vier gewesen sein – das Bild dieser Schönheit ein.

Also auf nach Hiddensee! Gleich nach Semesterschluß, am 1. August, fuhr ich los, von Stralsund mit dem „Caprivi", einem kleinen Dampfer, der über Kloster auf Hiddensee nach Wiek auf Rügen ging und den ganzen Verkehr von und nach Wittow und Hiddensee bewältigen mußte. Man kann es heute kaum mehr begreifen, daß das mit einem einzigen Schiff möglich war, welches auf die Kraft 120 Personen faßte. Außerdem lief damals noch die „Germania" (Reederei von C. A. Beug in Stralsund) von Breege nach Stralsund, ohne jedoch in Hiddensee anzulegen.

Dieser „Caprivi" hatte etwas ungeheuer Gemütliches an sich, erhöht noch durch das Kapitänsehepaar Bentzien. Er lang und hager, und sie recht rundlich. Sie kassierte und hatte nebenbei noch die Restauration an Bord. Freilich, etwas anderes als ein Glas Bier, einen Schnaps und eine Tasse Kaffee war nicht zu haben. Dieser kleine, hübsche Dampfer hat später als schwimmendes HJ-Heim am Bollwerk von Kloster ein unrühmliches Ende gefunden.

Ich bestieg den „Caprivi" also in Stralsund, und langsam schwammen wir in etwa zweieinhalbstündiger Fahrt nach Kloster, dem nördlichsten Orte der Insel. Je näher man kam, um so klarer zeichnete sich am Horizont die Silhouette der Insel ab; zunächst wie ein Nebelstreif, dann in immer schärferen Umrissen. Ich habe später viel Schönes in der Welt gesehen. Im Riesengebirge konnte ich drei schönste Jugendjahre verleben. Im Jahre 1912 durfte ich drei Monate im Orient, in Palästina und Ägypten weilen. Auf der Reede von Neapel habe ich vom Schiff aus das wunderbare Panorama mit dem hochragenden Vesuv in die Seele eingesogen. Mehrfach bin ich in den Bergen Oberbayerns gewesen. Doch etwas so Schönes wie die sanfte Linie der sich flach am nördlichen Horizont hinziehenden Hügel des Dornbuschs ist mir nirgends und niemals begegnet; auch in Schweden nicht, das ich wie meine zweite Heimat liebe. Etwas so Beruhigendes, fast möchte ich sagen, Beseligendes geht von dieser Linie aus, deren waagerechte Wellen nur vom Leuchtturm als einziger Senkrechten unterbrochen werden. Ich habe, als ich dann im Herbst 1903 Pastor von Hiddensee wurde, kaum eine Rückfahrt von Stralsund nach meiner geliebten Insel gemacht, ohne dabei an das Gedicht von Mörike zu denken: „Du bist Orplid, mein Land, das ferne leuchtet!"

Es war aber nicht immer so, daß in Kloster ein Dampfer anlegte und daß sich dort überhaupt die Möglichkeit eines Anlegens bot. Ursprünglich war dort ein flacher, von Schilf umsäumter Binnenstrand, in den eine Rinne gegraben war, eine sogenannte „Kase". Dort lag das große Segelboot, mit dem der Gutspächter sein Getreide nach Stralsund verschiffte und allerlei notwendige Waren heranholte. Erst im Jahre 1888, als der Leuchtturm auf der Höhe des Dornbusches erbaut wurde, hat die Regierung in Kloster das Bollwerk errichtet, um die Baumaterialien besser heranschaffen zu können. Gleichzeitig wurde auch die nach Kloster führende Rinne ausgebaggert. Bis dahin diente die Fähre für den Personenverkehr von und nach der Insel, von der aus man sich auch an einen Dampfer anbooten lassen konnte, der von Breege nach Stralsund fuhr. Die Fischer benutzten den Dampfer aber nur in Ausnahmefällen. Sie segelten meist mit ihren eigenen Booten zur Stadt, um dort die nötigen Einkäufe zu tätigen.

Ich wohnte damals in einer schlichten Pension bei Theodor Nehls. Ihm und seiner Frau Marie geb. Predel habe ich mein Leben lang innigste Dankbarkeit bewahrt. Er klein, in seinem von blondem Vollbart umrahmten Gesicht meist ein freundliches Lächeln, emsig und betriebsam. Sie von ungewöhnlicher Güte und einem seltenen Herzenstakt. Sie war der gute Geist des Hauses und blieb das auch für die Ihren nach dem Tode ihres Mannes. Neben der Pension führten sie einen Kramladen, in dem man von Salzheringen und Holzpantoffeln angefangen bis zum Tauwerk ungefähr alles bekommen konnte, was für das einfache Leben der Fischer nötig war. Den Lagerraum durchströmte ein Geruch von Holzteer; dieser Geruch umwogte einen auch draußen von dem gerade gegenüberliegenden Fischereischuppen der „Maracher". Mit diesem Holzteer wurden Boote, Netze und sonstige Fischereigerätschaften getränkt, und sein Geruch war für mich so unzertrennlich von Hiddensee, daß später überall, wo mir dieser liebliche Duft in die Nase zog, Hiddensee wie ein fernes Paradies vor meinem Geiste auftauchte. Außer dem Kramladen besaß Theodor Nehls eine kleine Landwirtschaft und verwaltete noch die Postagentur, die in der Hauptsache von Frau Nehls besorgt wurde.

Zu allem anderen war Theodor Nehls ein großer Jäger vor dem Herrn. Der damalige Gutspächter Ernst Luhde fand keinen Geschmack an der Jagd und hatte seinem Freunde Theodor Nehls die Ausübung der Jagd auf seinem Gebiet überlassen. Wenn nun im Herbst die wilden Gänse zogen und die Schwäne schrien, ging's mit einer kleinen Jolle und seinem Hunde Flambeau hinüber nach dem Bessin. Dort hatte sich an der äußeren Spitze eine kleine Nebeninsel gebildet, auf der sich der Jäger mit Vorliebe niederließ, um besonders den Gänsen aufzulauern. Dieses Inselchen nannte der Volksmund ihm zu Ehren „Tedingsinsel", und diesen Namen können wir heute bereits auf den Karten finden.

Also unter diesen biederen Leuten lebte ich sechs Wochen lang. Ich habe damals Tagebuch geführt und genau meine Taten von der Stunde des Aufstehens bis zum Schlafengehen aufgezeichnet. Wenn irgend günstiges Wetter war, segelte ich mit Nehls' kleiner Jolle, der „Gertrud", auf dem Bodden, führte auch oft Besorgungen und Bestellungen in Kloster aus. Mit einem größeren Boot, der „Eintracht", wurden Badegäste und Waren vom Dampfer abgeholt oder auch angesegelt. Im übrigen wurde mit den beiden Töchtern der Familie Nehls und den wenigen anwesenden Badegästen auf der Wiese vor dem Hause Krockett gespielt. Der Abend wurde mit Erzählen und Vorlesen beschlossen, wohl auch mit Mondscheinspaziergängen. So lebte ich herrlich und in Freuden. Aufforderungen meiner Eltern, vor allem meiner besorgten Mutter – der ich beileibe vom Segeln nichts schreiben durfte –, bald nach Hause zu kommen, schlug ich in den Wind.

Badegäste gab es in der Hauptsaison in Kloster und Vitte zusammen vielleicht fünfzig bis sechzig. Keine Leute vom Kurfürstendamm in mondänen Toiletten, wie sie wenige Jahrzehnte später Hiddensee mit Vorliebe aufsuchen sollten, sondern schlichte, kleine Beamte und Gewerbetreibende, die einen bescheidenen, billigen Sommeraufenthalt suchten und dafür gern auf all das verzichteten, was in anderen Bädern damals bereits an „Komfort" für die Gäste geboten wurde.

Es war also noch ein weiter Weg zurückzulegen, ehe die Insel Hiddensee für die Sommermonate ihrer wahren Bestimmung zugeführt wurde: den Werktätigen aller Berufe ihre begnadete Schönheit darzubieten.

Kehren wir nun wieder zum Jahre 1896 zurück und dem Beginn der Erschließung Hiddensees für die erholungsuchenden Städter. Zwei Badehütten standen damals am langen Strand von Vitte. Die eine gehörte dem Hause Nehls, die zweite dem kleinen Gasthause von Freese. Strandkörbe existierten noch nicht, auch Kurtaxe wurde noch nicht erhoben. Man konnte die Insel kreuz und quer durchstreifen, ohne einen Fremdling zu treffen, konnte allein alle Champignons sammeln, die der liebe Gott wachsen ließ, denn die eingeborenen Fischer wandten sich damals noch mit Abscheu von dieser „unnatürlichen" Speise ab. Man konnte auf den Hügeln liegen und allein auf das weite, weite Meer schauen, die herrlichsten Sonnenuntergänge und Mondscheinnächte genießen. Ich besinne mich besonders gern auf eine Mondnacht, in der die ganze Jugend oben auf den Bergen auf die Flotte wartete, und da diese ausblieb, bis Mitternacht dort allerlei Spiele spielte. Und das alles mit aufnahmefähiger, jugendlicher Seele!

Dann war ein Pastor da, Rust hieß er, den ich ab und zu als künftiger Amtsbruder aufsuchte. Auch die Pächtersleute in Kloster waren aufgeschlossen, gastfrei und freundlich. Eine gleich unbeschwerte Zeit habe ich nie wieder in meinem Leben gehabt. Annähernd ähnlich nur in den drei Jahren, die ich Hauslehrer im Riesengebirge war, wo ich das Gebirge so in mich aufnahm, wie hier das Meer.

Die Bewohnerschaft der Insel war damals weit einheitlicher als heute. Der Grundstock der Bevölkerung bestand aus Fischern. Dazu kamen ein paar Handwerker: ein Schuster und ein Tischler. Daß ein Tischler vorhanden war, lag noch gar nicht so weit zurück. Früher mußten die Hiddenseer die Särge für ihre Toten in Schaprode anfertigen lassen. Im ganzen betrug die Seelenzahl der Insel Anfang der neunziger Jahre etwa 650 bis 700. Am meisten hat sich seit jener Zeit das Dorf Kloster ausgedehnt. Damals standen außer der Kirche keine anderen Häuser dort als das Gutshaus, das Pfarrhaus, das Küsterschulhaus, zwei Arbeiterhäuser (genannt „der Bau"), endlich das alte Gasthaus von Schlieker und die Wohnung des Strandvogts. Rundherum war freies Land, und die Kornfelder reichten bis dicht an die Gehöfte heran.

Die Hauptrolle in der Fischerei spielte von alters her der Heringsfang. Das kam früher auch darin zum Ausdruck, daß dem Pastor soundso viel Wall Frühjahrshering (ein Wall gleich 80 Stück) und soundso viel Herbstheringe als wesentlicher Teil seiner Besoldung geliefert wurden. Im Frühling wurde der Hering, wie auch heute noch, mit langen Reusen gefangen. Nur standen früher mehr Reusen am Außenstrande als jetzt. Im Herbst zogen die großen Boote in See und lauerten dem Hering mit ihren Manssen auf.

Es war ein unvergeßlicher Anblick, wenn von Mitte August an jeden Nachmittag die Flottille der Heringsboote aus dem Libben in die Ostsee hinaussegelte, die Vitter und die Neuendorfer hintereinander her. Vitte hatte etwa 16 dieser großen, bis zu 15 Meter langen Boote, Neuendorf wohl ebenso viele. Zu jedem der Seeboote gehörten vier Fischer. Jeder mußte acht Manssen stellen, so daß im ganzen 32 Manssen aneinandergeknüpft werden konnten. Eine Mansse ist 10 Faden lang. So ergibt sich für die 32 Manssen die beträchtliche Länge von 320 Faden. Da man den Faden zu 1,5 Meter rechnet, betrug die ganze Länge des Netzwerkes, das aus dem Boot ausgegeben wurde, 480 Meter, also fast einen halben Kilometer. Bei Einbruch der Dunkelheit wurden die Manssen ausgegeben. Zum Zeichen, daß dies geschah,

zündete man im Boot eine Laterne an, damit die Kameraden in den anderen Booten Bescheid wußten und mit dem halben Kilometer Netz hinter sich nicht durcheinandertrieben. Heute ist es üblich geworden, am Anfang der Netze eine Boje zu befestigen, die auf einer Stange ein Licht trägt, damit die Fischer über die Lage und Länge der Netze stets im klaren sind. Mit dieser langen Wand von Netzwerk trieb nun das Boot die Nacht über mit der Strömung. Am Morgen wurden die Manssen eingeholt und die Heringe, die sich mit dem Kopf in den Maschen des Netzes gefangen hatten, herausgepflückt.

Da eine Fischereiverwertungs-Genossenschaft noch nicht bestand, wurden die Preise für den Hering je nach den angelieferten Fängen von den Fischaufkäufern gemacht. Darum haben sich die Fischer für ihre harte Arbeit oft genug mit einem ganz niedrigen Betrage zufriedengeben müssen. Man konnte bei reichen Fängen das Wall Hering oft für 10 Pfennig kaufen. Ja, es kam sogar vor, daß die Fischer den Hering wieder über Bord schaufeln oder als Dünger auf den Acker fahren mußten.

Die großen Seeboote wurden im Herbst nach Beendigung des Fanges auf Land gezogen und aufgeblockt. Dieses Aufziehen der Boote mußte von einer größeren Mannschaft besorgt werden. Ein Vorsänger gab mit seinem Gesange den Rhythmus an. Das Aufsingen der Boote war eine besondere Kunst, und es gab Fischer, die darin eine erhebliche Vollkommenheit erreicht hatten. Dann stand die Reihe der Seeboote auf dem Strand der Sprenge, ein stattlicher Anblick!

Das ist längst vorüber. Die Fangmethoden haben sich geändert. Die Boote sind zum Teil verkauft worden, zum Teil verrottet und in den Ofen gewandert. So ist damit auch ein Stück alter Heimatkultur verschwunden.

Die Fischer sind bei der Kostspieligkeit der Netze und Boote stets gezwungen gewesen, sich zu Genossenschaften, Partien, zusammenzuschließen. In Vitte bestanden 1896 folgende Partien: die Binnenfischer, die Norder, die Ströper. Die Norder und die Ströper sind eingegangen, weil sich diese Art des Fischfangs immer weniger lohnte. Nur die Binnenfischer-Kompanie besteht noch. Dann gab es noch zwei Treckerpartien. Ihre Fischer gingen mit Büxenstiefeln angetan ins Wasser und zogen ein großes Netz allmählich zu einem kleinen Kessel zusammen. Diese beiden Partien, die „Maracher" und die „Schwarzen", haben sich aus Zweckmäßigkeitsgründen bald zusammengetan. Zur Aufbewahrung der Netze und der übrigen Fischereigerätschaften brauchen die Partien einen Schuppen, neben dem meist eine Vorrichtung zum Teeren der Netze besteht. Im Schuppen selbst befindet sich ein kleiner Raum, in dem gemeinsame Angelegenheiten besprochen werden, und vor allem des Sonntagsnachmittags das Geld geteilt wird. Dabei wurde früher reichlich dem Schnaps gehuldigt. Als dieses Getränk noch billig war, sind dort im Laufe der Jahre unvorstellbare Mengen davon vertilgt worden. Einer dieser Schuppen wurde später zu einem Wohnhaus umgebaut. Als ich einmal in diesem Zimmer ein Kind taufte und so nebenbei nachher bei der Kaffeetafel sagte: „Ach, hier hem'n Sei woll ümmer Geld deilt?" antwortete der Großvater des Kindes, ein hochbejahrter Greis: „Ja, Herr Paster! Un wenn all dei Brammwin, dei hier utdrunken is, hier in dei Stuw swimmen ded, denn müßten wi versupen."

Was hatte die Insel damals für einen wunderbaren Strand! Zunächst eine breite Düne mit Strandhafer. Dazwischen die mit ihren bläulichen Blüten so eigen schimmernde Stranddistel „Seemannstreu". An einigen wenigen Stellen auch noch der seltene Meerkohl, Crambe maritima. Und nach diesem Vorstrande, der stellenweise bis zu 30 Meter breit war, kam ein schöner, feinkörniger Sandstrand, ideal zum Baden. Aber es gab damals nur wenige Fremde, die sich daran ergötzten. Der „Einsiedler" Ettenburg, den die Fischer für einen verrückten Kerl hielten, gab sich freilich redliche Mühe, die Insel bekannt zu machen. Aber doch nur mit geringem Erfolge. Es kamen nur wenig Gäste. Hiddensee ist zum wirklichen Badeorte erst im Zuge des Zeitgeschehens geworden, das jedes kleinste und ärmlichste Dorf der Küste in einen Kur- und Badeort verwandelte.

Nun kamen die Fremden allmählich. In größerem Maße eigentlich erst seit der Jahrhundertwende. Aber es war wie ein böses Verhängnis: je mehr die Fremden von Hiddensee Besitz ergriffen, um so schlechter wurde der Badestrand. Die herbstlichen Hochwasser rissen ein Stück nach dem anderen von der Düne fort, wenn es auch jedesmal nur ein bis zwei oder nur ein halber Meter waren. Die Düne und der Vorstrand verkleinerten sich. Die Strömung am Außenstrande verlagerte sich und nahm den Sand mit sich fort, anstatt neuen abzulagern. So wurde der Strand von Jahr zu Jahr schmaler und steiniger. Schon als ich 1903 als Pfarrer nach Hiddensee kam, sagten mir alte Fischer in Vitte und Neuendorf: „Dor, wo nu unse Bööt sägeln, hem'n unse Großöllern noch pläugt und Kurn seigt."

In Kloster spielte sich das Badeleben vor allem auf dem Stück von der Hucke bis zum Rettungsschuppen ab. Dort war 1903 noch ein wundervoll breiter Sandstrand, auf dem die Fremden Burg an Burg bauten. Dort war auch noch ein breiter Vorstrand mit allerlei Dorngestrüpp, Holunder und dergleichen. Von diesem Vorstrande wurde leider jährlich ein Stück nach dem anderen abgerissen. Und das Hochwasser des Winters 1948/1949 hat dem Vorstrand den Rest gegeben, so daß auch schon an dieser Stelle, und nicht nur am Nordufer, das Hochland von den Wellen angenagt wird und von hier aus das Meer ebenfalls seinen Vernichtungsangriff auf die Insel macht.

Die Eingeborenen sahen die Badegäste in erster Linie als erfreuliche Einnahmequelle an. Der Fischfang ging in seinen Erträgen sichtlich zurück und seine Einnahmen waren schwankend und unsicher. So kroch die ganze Fischerfamilie im Sommer auf den Heuboden und kampierte dort notdürftig, Großeltern, Eltern und Kinder. Ihre Räume wurden alle vermietet. Schließlich entstanden neue Häuser, die mit Rücksicht auf das Vermieten geräumiger gebaut wurden. Doch um die Werbung für die Insel als Badeort kümmerte sich niemand. Hin und wieder kamen Anfragen an den Gemeindevorsteher, der damals noch den schönen alten Namen „Dorfschulze" führte. Alle solche Zuschriften legte der gute Ferdinand Wolter, sonst wahrlich ein Biedermann, in die Schieblade seines Eßtisches. Er wußte nichts anderes damit anzufangen. Erst im Jahre 1900 trat in Vitte ein Badeinteressentenverein ins Leben, dessen treibende Kraft der Schuhmacher Karl Witt war. Dieser Verein annoncierte in größeren Zeitungen, und so mehrte sich allmählich der Zustrom der Gäste.

Die Fischer standen damals, abgesehen von der lukrativen Seite, dem Badeleben der Gäste verständnislos gegenüber. Gewiß, waschen muß sich der Mensch hin und wieder, aber doch nicht jeden Tag und dann nicht gleich ganz und gar! Und an der See muß man sich warm anziehen. Warum nur liefen die Badegäste halbnackt umher? Über den günstigen Einfluß des Luftwechsels auf den Körper zuckten sie lächelnd die Achseln. Bezeichnend ist, was ein alter Fischer zu Beginn des Fremdenverkehrs einem jungen Mädchen sagte, das im Sommer bei ihm gewohnt hatte. Sie wünschte ihm „Auf Wiedersehen!" Und er sah sie traurig an und sagte: „Ne, Fräulein, Sei kamen nich wedder." – „Aber warum denn nicht?" – „Sei starben äwer Winter an Rheumatismus."

Im ganzen genommen hat das Badeleben auf die eingesessene Bevölkerung nur einen geringen Einfluß gehabt. Gewiß betrachteten die Hiddenseer die Badegäste – und das mit Recht – als Einnahmequelle. Aber was die Hauptsache, das Baden selber, angeht, hat das Beispiel der Fremden sie nicht verlockt, ebenfalls ins Wasser zu steigen. Und so ist es bis heute geblieben. Vor noch nicht langer Zeit ging ich einmal mit dem Badezeug an den Strand und begegnete einem Fischer, der lächelnd zu mir sagte: „Herr Paster, sünd Sei in all dei Johren noch nich tau'm richtigen Hiddenseer worden?" – „Wo meinen Sei dat?" – „Na, en richtigen Hiddenseer badt doch nich."

Der alte Wilde

Als ich jüngst im Gottesdienst war – seit meiner Emeritierung sitze ich meist oben auf der Orgelempore – und in das Kirchenschiff nach dem Altar zu blickte, sah ich gleich einer Vision vor mir einen Gottesdienst vor hundert Jahren.

Wohl umbrausten mich die Töne der Orgel, die mitten im Kriege, im Jahre 1943, von dem Orgelbauer Karl Schuke aus Potsdam aufgestellt worden war, und vor dem Altar stand mein Nachfolger im Amt. Aber mein Geist war um ein Jahrhundert zurückgeglitten. Ich sah unter mir an Stelle der geputzten Menschen in neuzeitlichen Kleidern die schlichten Fischer von damals sitzen, reinlich, aber bescheiden in ihren selbstgewebten groben Jacken. Der Fußboden der Kirche war aus Lehmestrich, darauf die einfachen Kirchenbänke mit den schmalen Sitzen und geraden, hohen Lehnen, wohl dafür eingerichtet, daß die Andächtigen bei den früher noch recht langen Predigten nicht einschliefen. Zur Begleitung des Gesanges war weder eine Orgel noch ein Harmonium vorhanden. Südlich neben dem Altar stand der Küster Freybourg vor dem Küsterstuhl mit dem Pult für das Gesangbuch, ein kleiner Mann mit zerknitterten Gesichtszügen, der die Choräle vorsang. Seine Stimme zitterte infolge seines hohen Alters, und er hatte Mühe, den Gesang richtig in Schwung zu bekommen.

Da öffnet sich neben ihm ein Fenster der Sakristei auf einen Spalt, und es ertönt eine Flüsterstimme; allerdings mit einem Flüstern, das in der halben Kirche vernehmbar war, denn flüstern konnte dieser kräftige, grobschlächtige Mann, der alte Pastor Julius Wilde, eigentlich nicht. Also er flüsterte: „Freybourg, Freybourg, wer is dat dor dröben in'n Hofstaul?"

Dieser Hofstuhl, in dem die Gutsherrschaft saß, lag der Sakristei gerade gegenüber auf der Nordseite der Kirche. Dort hatte ein fremdes Antlitz die Neugierde des Pastors erregt. Freybourg war gerade dabei, die Melodie des soeben angefangenen Hauptliedes nachdrücklich vorzusingen. Er erwiderte daher schnell, auch im Flüsterton: „Gliek, Herr Paster!" Und nachdem er die Gemeinde in Schwung gebracht hatte, beugte er sich zum Fenster und gab dem Pastor die gewünschte Auskunft.

Dann bestieg Julius Wilde die Kanzel. Er redete in kurzen, markigen Sätzen und wählte anschauliche Bilder aus dem täglichen Leben zur Verdeutlichung der Schriftwahrheit, so daß die einfachen Leute, die ihm zu Füßen saßen, folgen konnten. Er soll ein guter Kanzelredner gewesen sein, den man auch gern auswärts, etwa in Gingst oder in Bergen, hören wollte.

Von der Kanzel aus konnte man damals noch ungehindert auf das Meer schauen, da zwischen der Kirche und dem Strande noch eine ebene Fläche lag. Als Wilde einmal ein silbriges Blinken auf dem Wasser entdeckte, das das Nahen eines Heringszuges verkündete, soll er mitten in seiner Predigt in die Gemeinde hineingerufen haben: „Kinnings, dei Hiring kümmt!" Worauf alles hinausstürzte, um sich diese gute Fanggelegenheit nicht entgehen zu lassen.

Nun traten nach Beendigung des Gottesdienstes die Kirchgänger ins Freie. Wilde mischte sich unter sie und stellte gern allerlei landwirtschaftliche Fragen, wie etwa: „Wat hem'n denn letzte Woch dei Kalwer in Stralsund goll'n?" und ähnliches. Da ihm der Schelm im Nacken saß und er einen derben Witz liebte, konnte auch mancher zur Zielscheibe seiner Spottlust werden. So fiel sein Blick einmal auf ein junges Mädchen, das sich an ihrem langen Rock hinten einen Aufschürzer angebracht hatte, wie sie gerade aufgekommen waren. „Line", rief er aus, „wat hest du di dor för ne Fürtang vör'n Hinnelsten klemmt?" (Er gebrauchte ein noch derberes Wort.)

Am Nachmittag mag eine Haustaufe in Vitte oder Neuendorf sein, obgleich die meisten Taufen damals in der Kirche stattfanden. Julius Wilde fährt in seinem eigenen Wagen dorthin und nimmt den Küster Freybourg mit, der auch dort vorsingen muß. Wenn im Taufhaus alles bereit war, pflegte Wilde zu bestimmen: „So, nu die Hun'n rut un dat Kind rin!" Diese Mahnung war bestimmt berechtigt, da es damals noch keine Hundesteuer gab und jede Familie Hunde hielt, die sie auf allen Wegen begleiteten.

Der Sonntag ist vergangen, die Woche beginnt. Julius Wilde sitzt gemütlich am Frühstückstisch und unterhält sich mit seiner Frau. Aber die Unterhaltung ist nur spärlich, da seine Eheliebste im Laufe der Jahre recht schwerhörig geworden ist. Wenn sie wieder einmal seine Worte mißversteht, brummelt er bedauernd: „Min olles dowes Lüchting!" Nun steckt er sich seine Pfeife an, da wird er aus seiner Behaglichkeit aufgestört. Freybourg läßt ihn bitten, zur Schule herunterzukommen, da ein Junge ungezogen war. Freybourg war in seinen jüngeren Jahren ein streitbarer Held und schlug selbst, wenn es nötig war, oder jedenfalls ihm nötig erschien, weidlich auf die ihm zur Erziehung übergebene Schar ein. Nun war er alt; und grausam, wie Kinder sind, fingen die Jungen an, ihren alten lieben Lehrer zum besten zu haben. Das Geringste war noch, daß sie heimlich die Uhr, sobald Freybourg einmal hinausging, ein tüchtiges Stück vorwärts stellten. Aber diesmal hatte ein langer Junge aus Vitte, Ewald mit Vornamen, sich ganz ungebührlich zu ihm benommen. Er hatte an der Wandtafel vorrechnen sollen, konnte es aber nicht oder wollte es nicht. Freybourg schrieb ihm nun die Zahlen an der Wandtafel vor und tippte bei jeder Zahl den Jungen, um ihn zu größerer Aufmerksamkeit anzuhalten, mit der Kreide vor die Stirn. Schließlich sagte er: „Nu mak dat genauso!" Gehorsam nahm der Junge die Kreide und stieß bei jeder Zahl dem Freybourg ebenfalls mit der Kreide an die Stirn. Als dieser zornig wurde, gab der Junge die freche Antwort: „Je, ich sall dat jo genauso maken, as Sei mi dat vörmakt hem'n." Darauf wurde der Ortsschulinspektor in Gestalt des Pastors zitiert. Obwohl Wilde sonst oft den Kindern und auch seinem Küster manch ernste Zurechtweisung erteilte, diesmal nahm er die Sache von der humorvollen Seite und meinte: „Ach, Freybourg, hem'n Sei sich doch nich so! Deswägen bruken Sei mi nich holen tau laten."

Den Mittagsschlaf hält der Pastor in seinem Arbeitszimmer im Schaukelstuhl. In diesem Schaukelstuhl sitzend, erteilt er auch den Konfirmandenunterricht, bei dem die Schüler die ganze Zeit vor ihm stehen müssen. Nach beendetem Schläfchen begibt sich Wilde aufs Feld, um nach den Saaten zu sehen und die Arbeit des Knechtes zu überprüfen. Bei gutem Wetter begleitet ihn seine Frau und nimmt Kaffee und Kaffeebrot mit. Da sitzen sie dann im Rübenberge, wo man noch heute die Wege erkennen kann, die Wilde zur Verschönerung dieses Hügels angelegt hat. Wilde trägt einen langschößigen Rock, in dem sich hinten zwei tiefe Taschen befinden. Er sammelt die Steine, die auf dem Acker liegen. Böse Leute behaupten, er würfe diese Steine beim Heimweg auf das Gutsfeld; doch das steht immerhin fest, daß er zu dem Gutspächter Ernst Luhde in keinem freundlichen Verhältnis stand. Er nannte ihn nie anders, wenn er von ihm sprach, als: „De oll dämlich Bengel von'n Hof."

Wilde machte vor dem Nachtessen noch einen Gang durch den Garten. Er ist so recht zufrieden. Da stört unvermutet etwas seine gute Laune. Es kommt ein Junge, der ihm die Kurrende bringt. Kurrende! Damals gab es noch keine gedruckten kirchlichen Amtsblätter, und was die hohe Behörde ihren Untergebenen mitzuteilen hatte, geschah durch die Kurrende. Die Verfügungen der Behörde kamen in eine verschließbare Blechkapsel oder in eine Ledertasche und mußten von jedem Pastor in das Memorabilienbuch abgeschrieben werden. Spätestens am nächsten Tag war die Kurrende von dem Küster weiterzubefördern. Deswegen nannte man die Kurrende auch wohl „Küsterplage".

Wilde wollte sich seine Abendruhe nicht stören lassen, nahm die Blechkapsel entgegen und warf sie, damit sie ihm erst mal aus dem Wege kam, kurzerhand in einen Johannisbeerstrauch. Beim Abendbrot mußte er diesen Zwischenfall wohl schon völlig vergessen haben. Es vergingen zwei Wochen, da wurde von dem Superintendenten nach dem Verbleib der Kapsel gefragt. Der Amtsbruder in Schaprode bestätigte, daß er die Kurrende unverzüglich nach Kloster weitergegeben hätte. Wilde behauptete dagegen, daß er sie nicht erhalten habe. So stand Aussage gegen Aussage. Doch als im Frühling Schnee und Eis vergangen waren, kam die unglückselige Kurrende unter dem Strauch wieder zum Vorschein. Wilde blieb nichts anderes übrig, als demütig um Entschuldigung zu bitten und Besserung zu geloben. Er tat das aber nicht ohne einen gelinden Fluch: „Harr ick dat oll Ding bloß nich wedder fun'n!"

Es ist Winter. Beim Landwirt Kracht in Udars wird Boston gespielt. Einer der Spieler ist Julius Wilde. Wenn stille Zeit in der Landwirtschaft ist, besucht er oft die Nachbarn auf Rügen. Und diese sind gern mit dem jovialen Herrn zusammen. Diesmal hat Wilde den Küster Freybourg mitgenommen, damit der auch einmal ein Vergnügen hat. Nachdem das Bostonspielen zwei Abende angehalten hat, erlaubt sich Freybourg zu erinnern: „Herr Paster, wie möten na hus, morgen sall dei olle Gau begraben warden." Das ist Julius Wilde gar nicht recht. Er möchte diese gemütliche Besuchszeit noch weiter fortsetzen. Er tritt mit Freybourg vor die

Tür und schaut zum Winterhimmel mit den glitzernden Sternen auf: „Ach, Freybourg, dat is jo so kolt. Hei kann woll noch en Dag stahn."

Man sagt, daß auf Inseln Originale wachsen. Und der „alte Paster", wie die Hiddenseer ihn nannten, war ein Original. Pose hatte er nicht an sich. Es war alles echt, was er tat und sagte. Für die Kinder war er ein wenig zum Fürchten, wenn er mit seinem dicken Stock, den er aus irgendeinem nur ihm bekannten Grunde „Max Hirsch" nannte, durchs Dorf ging. Trotz seiner Gutmütigkeit, mit der er vielen in der Not geholfen hat, konnte er sehr drastisch sein und schreckte vor keiner Situation zurück. So als er einmal bei der Prüfung der Konfirmanden angesichts der Gemeinde zu einem Jungen, der durchaus nicht antworten konnte, sagte: „Du bist en Dämelklas un bliwst en Dämelklas." Oder er rief auch wohl jungen Mädchen, die ihm auf der Dorfstraße begegneten, scherzhaft zu: „Nu schafft Juch man bald en Brüjamm an, dormit ick dat Trugeld krieg!" Er verfügte über einen treffenden Witz und über eine seltene Menschenkenntnis, die ihn befähigte, den damaligen Hiddenseern Ökelnamen zu geben, die den Nagel auf den Kopf trafen. Mit diesen Beinamen redete er die Leute dann auch meist an.

Zu dem groben Zuschnitt seines Wesens will es nicht recht passen, daß er ein Feinschmecker war. Aber er war es. Er aß gern Kampfläufer. Darum mußten ihm die Neuendorfer Jungen diese Vögel auf ihren Balzplätzen an der großen Dunt und am Achterwischensee fangen. Fürs Stück zahlte er den stolzen Preis von fünf Pfennig. Auch blieb es seiner Frau nicht erspart, hin und wieder am Teiche im Pfarrgarten Frösche zu fangen, damit Julius sich an den leckeren Froschschenkeln ergötzen konnte.

Von seiner Herzensgüte zeugt folgende Geschichte:

Eines Nachts, als alles in tiefem Schlaf liegt, wird ans Fenster geklopft. „Julius, stah up! Dor sünd Inbräkers!" ruft seine Frau voller Angst. Übrigens merkwürdige Einbrecher, die sich vorher durch Anklopfen anmelden. Julius springt aus dem Bett, zieht sich notdürftig an, ergreift „Max Hirsch" und geht über den langen

Flur zur Haustür, seine Frau und die übrigen Hausgenossen mit Licht hinter ihm her. „Bliwt Ji achter mi un helpt mi, wenn mi wat taustött!" ruft er ihnen zu und öffnet mutig die Haustür. Da stehen zwei von Wasser triefende, bleiche Gestalten vor ihm, Schiffbrüchige, deren Fahrzeug am Strande zerschellt ist, und die sich mit Mühe durch die Brandung an Land gerettet haben. Im Dunkeln haben sie sich zum nächsten Hause hingetastet. Da zeigt sich das gute Herz von Julius Wilde. Er steckt die beiden verfrorenen Menschen in die noch warmen eigenen Betten, aus denen er und seine Frau eben aufgestanden sind, und labt sie freundlich mit Speise und Trank, holt auch noch einen Dritten, der vor Schwäche den Weg nicht mehr ganz hatte zurücklegen können.

Als Julius Wilde in den Ruhestand getreten war, zog er mit seiner Frau nach Stralsund. Wenn auch zur damaligen Zeit die Pension gering war, konnte er doch gut von seinen Zinsen leben. Er hatte durch seine Landwirtschaft Geld erworben. Viele von den zu seiner Zeit erbauten Häusern in Vitte sind von dem Gelde errichtet, das Julius Wilde den Fischern geliehen hatte. Sein Witz blieb ihm bis zuletzt. Als er über die Fährinsel Hiddensee verließ, um sich an den Dampfer anbooten zu lassen, zog er eine Handvoll Groschen aus der Tasche, um den Fährmann zu bezahlen, und sagte: „Luter Hiddenseesche Bichtgröschen!"

Sein Nachfolger hieß auch Wilde. Drei Pastoren dieses Namens, die merkwürdigerweise nicht untereinander verwandt waren, haben auf der Hiddenseer Kanzel gestanden. Am Anfang des vorigen Jahrhunderts Johann Jacob Wilde, der in zweiter Ehe die Schwester seiner Schwiegertochter heiratete und auf diese Weise der Schwager seines Sohnes wurde. Sein Grabstein steht unter dem Dornbusch gleich rechts neben der Kirchtür. Dann unser Julius Wilde, der 1885 in den Ruhestand trat. Ihm folgte Martin Wilde, der später als Missionsinspektor der Berliner Mission bekannt geworden ist und für seine Tätigkeit den theologischen Doktor bekam. Als die Hiddenseer hörten, sie sollten wieder einen Pastor namens Wilde bekommen, wehrten sie entrüstet ab: „Nee, von dei Willen harr'n sei naug. Sei wull'n nu mal en Tammen hebben." Nun, sie konnten mit diesem Wilde wohl zufrieden sein, der zehn Jahre lang auf der Insel im Segen als Seelsorger tätig war.

Einmal besuchte ihn der alte Julius Wilde auf Hiddensee und machte mit ihm einen Gang durch den Garten. Da die beiden jungen Pfarrersleute noch recht unerfahren im Gartenbau waren, wucherte das Unkraut mehr als sonst üblich. Immer wieder kam von den Lippen des alten Wilde das niederschmetternde Wort: „Wat Nettel! Wat Nettel!" Und immer wieder knickten die jungen Wildes schuldbewußt unter diesem mit nachdrücklicher Verachtung gesprochenen Wort zusammen.

Ich habe Julius Wilde nicht mehr gesehen, aber durch die Schilderungen der alten Hiddenseer steht er deutlich vor meinem inneren Auge. Eine Photographie zeigt ein anziehendes, kluges Gesicht, das von einem schelmischen Schmunzeln humorvoll verklärt war. Er muß ein ganz eigener, guter Mensch gewesen sein, von dem viele leider nur seine etwas rauhe Außenseite empfunden haben, ohne zu dem Kern vorzudringen.

Über den Lebenslauf von Julius Wilde sei folgendes mitgeteilt: Johann Julius Wilde wurde am 27. September 1811 zu Negast auf Rügen als Sohn des Eigentümers und Krügers Michael Friedrich Wilde geboren. Er besuchte das Gymnasium zu Stralsund und studierte in Greifswald und Berlin. Dann war er zunächst Gehülfe des Predigers Böttiger in Niepars, Kreis Franzburg. Ordiniert wurde er am 17. Mai 1851 und war seitdem Pfarrer von Hiddensee. So ist er erst im Alter von 40 Jahren zu einer selbständigen Pfarre gekommen und konnte auch dann erst eine Familie gründen. Er wurde im Jahre 1851 in Stralsund getraut mit Friederike Auguste Charlotte Henriette Schoemann, die am 16. Dezember 1816 als Tochter eines Gastwirtes in Anklam geboren ist. Sie hatten nur eine Tochter Hildegard, die einen Oberlehrer Mühlmann heiratete und ganz jung nach der Geburt des ersten Kindes starb. Julius Wilde trat am 1. Oktober 1885 in den Ruhestand und lebte dann in Stralsund. Er starb dort am 18. November 1891, nachdem er seine Lebensgefährtin ein Jahr vorher, am 28. November 1890, verloren hatte. So erreichte er ein Alter von 80 Jahren.

Kampf mit dem Meer

Ebenso wie Wetter und Wind ist auf Hiddensee auch der Wasserstand bedeutend und lebenswichtig, der mit der Windrichtung fast täglich wechselt. Niedriger Wasserstand richtet bei uns keinen unmittelbaren Schaden an, höchstens kann der Dampfer nicht fahren, doch solche Verkehrsschwierigkeiten nehmen wir Einwohner gleichmütig hin. Schlimmer ist es mit hohem Wasserstand.

Solange nur die Wiesen und Weiden ein wenig überflutet werden, mag es gehen, zumal „Hohes Wasser" in jedem Jahr wenigstens einmal auftritt und nur ihm die Flora der Salzpflanzen auf der Kuhweide zwischen Kloster und Vitte ihr Dasein verdankt. Gefährlich dagegen ist Sturmflut, die eintreten kann, wenn längere Zeit Westwind geweht hat, große Wassermassen in das Becken der Ostsee hineingedrängt worden sind und dieser Westwind dann plötzlich nach Nordost oder gar auf Nordnordost umspringt. Dann treibt der Druck des Windes vom Bottnischen Meerbusen her die ganze Wassermasse nach Südwest gegen die Küsten Pommerns, Mecklenburgs und Holsteins. Bei den engen Verbindungsstraßen zwischen Ostsee und Nordsee kann das Wasser nicht schnell genug entweichen und steigt daher oft mehrere Meter über Mittelwasserstand. Daß eine solche Sturmflut schwere Verheerungen anrichten muß, liegt auf der Hand. Die Geschichte weiß von Fluten zu erzählen, die um ihrer furchtbaren Folgen willen jahrhundertelang im Gedächtnis des Volkes weiterlebten. Diejenige Sturmflut, welche an der pommerschen Küste wohl die größten Landverluste zur Folge hatte, ereignete sich nach dem Heiligendreikönigstage 1309. Damals wurde die ganze Landbrücke, die die jetzige Halbinsel Mönchgut mit Vorpommern verband, fortgerissen. Als letzter Rest ist die Insel Ruden vor der Peenemündung stehengeblieben, und das „Neue Tief" entstand, das die Stadt Stralsund nun auch von Osten zu Wasser erreichbar machte. Seit dem Jahre 1625, in dem eine größere Überschwemmung stattfand, hatte die Küste der Ostsee mehrere Jahrhunderte lang Ruhe. Dann aber kam das verhängnisvolle Jahr 1872. Am Abend des 12. November steigerte sich der Nordoststurm, der sich im Laufe des Tages erhoben hatte, zum Orkan und tobte in unverminderter Stärke die Nacht hindurch bis gegen Mittag des 13. November. Darauf drehte der Wind langsam nach Osten. Der Wasserdruck ließ nach. Die Flut begann zu fallen. Aber erst am 14. November war überall der normale Wasserstand wieder erreicht. Nun sah man den vollen Umfang der furchtbaren Verwüstung. Ganze Fischerdörfer waren verschwunden. Die Einwohner hatten nur mit größter Mühe geborgen werden können, wobei die Rettungsmannschaft oft schon bis zum Halse im Wasser waten mußte. Eisige Hagelböen erschwerten alle Unternehmungen. Die meisten Menschen hatten nur das nackte Leben gerettet und all ihre Habe verloren. Das Vieh war ertrunken, Möbelstücke waren zertrümmert, Haus-

mals ein Mädchen von elf Jahren und wohnte mit ihrer Mutter und einigen anderen alten Frauen im Armenhaus in Vitte, das so ziemlich an der niedrigsten Stelle des Dorfes gelegen war, dort, wo jetzt der Feuerwehrschuppen steht. Sie wachten eines Nachts von einem Plätschern auf. Erst dachten sie, es hielte wieder eine Frau der Bequemlichkeit halber ihr kleines Kind aus dem Bett heraus auf die Lehmdiele ab. Dann merkten sie mit Schrekken, daß in der Stube Wasser rieselte. Aus der Tür konnten sie nicht mehr hinaus, weil von außen eine schwere Truhe durch das strömende Wasser vor die Tür geschoben worden war. Da das Wasser immer höher stieg, wollten sie versuchen, ein Loch in die Decke zu schlagen, um auf den Dachboden zu gelangen. Schließlich fand man durch Umhertasten mit dem Fuß ein Beil unter einem Schrank. Dann stellte ihre Mutter einen Stuhl auf den Tisch und bearbeitete mit dem Beil die Stubendecke. Endlich hatte sie ein Loch hergestellt, so groß, daß sie den Kopf hindurchstecken konnte, aber sie bekam den Kopf nicht wieder zurück. Nur unter Anwendung von Gewalt gelang es ihr zuletzt; dabei riß sie sich ein halbes Ohr ab, so daß sie von Blut überströmt war. Nachdem mit Mühe das Loch vergrößert worden war, krochen alle auf den Dachboden. Die Kinder schob sie ins Heu, so daß sie nicht zu frieren brauchten. Unter ihnen waren bald die Hauswände von der Flut eingeschlagen, die See konnte frei hindurchströmen, und das nur noch auf seinen vier Ständern ruhende Haus schwankte hin und her. Sie waren in größter Sorge, daß das Haus zusammenbrechen könnte und sie mit dem Dachboden auf die Ostsee hinausgetrieben würden. Erst am nächsten Abend kam ein Fischerboot und barg sie ab.

Die Frau von Ferdinand Timm in Vitte auf dem Süderende, deren Haus das höchstgelegene in Vitte war, hatte noch das Bild vor Augen, wie ihr Vater in Holzpantoffeln rund um sein Haus gehen konnte, während über die Dorfstraße schon das Wasser wogte. Von dem gegenüberliegenden Haus trug Karl Niemann seine Frau und seine Kinder auf dem Rücken zu ihnen; er hatte dabei hohe Krempstiefel an und fiel mit einem seiner Kinder ins Wasser.

Bei vielen Häusern, deren Wände nur aus mit Stroh umwundenen und mit Lehm verkleideten Stöcken bestanden, wurden die Wände einfach ausgewaschen. Darauf fielen die Dächer zu Boden und lagen platt auf der Erde. Die meisten Häuser in Vitte wurden nach der Flut neu aufgebaut. Die Boote waren, soweit sie nicht noch auf der Düne Halt fanden, bis auf den Darß getrieben worden.

Das Dorf Grieben bei Kloster liegt so hoch, daß es nicht von der Flut erreicht werden konnte. Über die Lage in Grieben berichtet Ferdinand Timm, dessen Vaterhaus dort stand, folgendes: Er war zehn Jahre alt, als die Flut kam. Auf der Wiese südlich vom Timmschen Hause waren soeben die Weiden gekröpft worden. Das Wasser stand so hoch, daß die Köpfe der Weiden gerade heraussahen, mit Seetang und Schilf behangen. Am Morgen gingen die Jungen von Grieben auf die Berge, um nach Vitte Ausschau zu halten. Dort war nur eine Wasserwüste zu erblicken, aus der die Hausdächer wie „Meßhümpels" (Misthaufen) herausguckten.

Da nun besonders in Vitte viele Häuser des Dorfes arg beschädigt waren, faßten die Einwohner von Vitte den abenteuerlichen Gedanken, wenn schon die Häuser neu gebaut werden müßten, sie an einer Stelle zu errichten, zu der die Sturmflut niemals gelangen könnte. Als Platz schien das hohe Ufer des Schwedenhagen in Kloster geeignet. Aber die Kosten dieser Umsiedlung stellten sich zu hoch. Die Geschädigten bekamen Geld vom Staate und bauten ihre Häuser an Ort und Stelle wetter- und wasserfest wieder auf.

Die Insel selbst hatte schwere Wunden empfangen. In Kloster, unmittelbar südlich von der Vorlege, war die ganze Düne nebst Vorstrand fortgerissen worden, so daß schon bei leidlich hohem Wasser die dahinterliegenden Wiesen und Weiden überflutet werden mußten. Die Lücke wurde durch einen Erddeich geschlossen, der auf der Binnenseite steil abfällt, dagegen nach außen zu sich langsam abböscht. An ihm müssen sich die Wellen kraftlos verlaufen. Bald bildete sich wieder eine neue Düne mit weitem Vorstrand, der sich durch Bewuchs mit Holunder und Seedorn noch weiter festigte.

Ärger war die Verwundung der Insel im Süden unmittelbar hinter Plogshagen. Anfangs freilich war die Düne nur durch ein kleines Rinnsal unterbrochen, über das die Frauen, wenn sie auf den Gellen zum Melken gingen, mit einem weiten Schritt gerade noch hinübergelangen konnten. Man versuchte zunächst, die Lücke mit Faschinen zu schließen, doch erneutes und stärkeres Andringen der Wogen riß die Lücke immer mehr auf. Schließlich entstand eine breite Durchfahrt, vier bis fünf Meter tief, so daß, wie die Fischer sagten, ein „Mannewor" (man-of-war „Kriegsschiff") bequem hätte hindurchfahren können. Man mußte sich also zu umfassenderen Maßnahmen entschließen, wenn die Insel nicht zweigeteilt bleiben sollte.

So wurde in dem Durchbruch mitten im Wasser ein mit Kies überschütteter Erddeich errichtet, der außen mit Steinen verblendet wurde. Dieser Deich ist fast zwei Kilometer lang und oben so breit, daß ein Wagen darauf entlangfahren kann. Damit war sowohl für den Fußgänger- wie auch für den Wagenverkehr die Verbindung zwischen den beiden Teilen der Insel wieder hergestellt. Nun tat die Natur ein übriges. Durch Wind und Wellen wurde eine Düne aufgebaut und so viel Land gebildet, daß zwischen dem Deich und der Düne ein geschlossener Teich entstand, in dem der Verlandungsprozeß bald begann, Schilfrohr und andere Wasserpflanzen siedelten sich an.

Als ich zuerst im Jahre 1896 auf Hiddensee war, sah man auf diesem Binnengewässer ein reiches und vielseitiges Vogelleben. Haubentaucher, mittlere Säger, schwarze Bleßhühner und allerlei Enten belebten die Wasserfläche. Heute ist die Verlandung fast vollendet. Auf dem Vorstrand hat man Bäume und Sträucher angepflanzt, durch die eine Nachmittagspromenade für die Badegäste herangewachsen ist.

Seit dieser großen Sturmflut von 1872 ist die Insel noch zweimal von einer Flut heimgesucht worden. Freilich erst nach einem längeren Zwischenraum in der Silvesternacht 1904/1905; doch die Wasser verliefen sich ziemlich schnell wieder, nachdem sie an den Dünen erheblichen Schaden angerichtet hatten. Und dann nach zehn Jahren in zwei kurzen Angriffen vom 30. Dezember 1913 und 9. Januar 1914.

Ich ging damals wenige Tage nach jener Silvesternacht 1904/1905 mit dem Gutspächter Ernst Luhde nach Neuendorf hinunter, wo der größte Schaden entstanden sein sollte. Als wir uns dem Eingang des Dorfes näherten, trat uns ein alter Fischer, Joachim Gau, entgegen, der auf dem Schabernack wohnte. Diesen Namen tragen die vier nördlichsten Häuser des Dorfes, die von den übrigen Häuserreihen getrennt stehen. Gau sagte zu uns: „Nu is't bet up't üterste kamen!" und wies auf die Stelle, wo bisher Düne gewesen war. Diese Düne war völlig verschwunden, so daß sich das Wasser bei der nächsten Flut ohne ein Hindernis auf die Häuser des Schabernacks stürzen konnte. Weiter im Dorf wurden wir mit Entsetzen gewahr, daß einige Häuser am Außenstrande nur noch zwei bis drei Meter vom Uferabsturz entfernt waren und die See bei der nächsten Flut diese Häuser einfach niederwaschen mußte. Im Dorf war das Wasser abgelaufen und stand nur noch in den etwas niedriger gelegenen Kartoffelfeldern der Süder.

Hier mußte etwas geschehen. Das stellte auch die Kommission fest, die zur Prüfung der Schäden nach Hiddensee entsandt worden war. Wie nach der Flut von 1872 ein Damm gebaut wurde, um die zerrissene Insel wieder zusammenzuflicken, errichtete man nun westlich des Dorfes weit nach Norden ausgreifend mitten im Seeschlage einen Wall aus unbehauenen Steinblöcken, die ohne Mörtel aufeinandergetürmt wurden. Der Wall sollte nicht nur als Wellenbrecher dienen, das Wasser sollte vielmehr durch seine Fugen dringen und die Sinkstoffe an der Binnenseite ablagern.

Diese Absicht ist erreicht worden. Während die Zyklopenmauer ursprünglich mitten in der Brandung stand, hat sich jetzt hinter ihr Land gebildet, das bereits Pflanzenwuchs zeigt. Ja, sogar vor dem Steinwall hat sich Sand abgelagert, und ein schöner Badestrand aus feinkörnigem Sand ist gewonnen worden. Der Bau des ungefähr 1,5 Kilometer langen Walles hat die Jahre 1906 bis 1910 in Anspruch genommen.

Bei den Fluten um die Jahreswende von 1913 und 1914 hat sich dieser Damm glänzend bewährt. Wohl stürmten die Wogen wutentbrannt gegen die Steine an, und ihr Gischt flog bis mitten ins Dorf. Aber sie brachen sich machtlos an dieser Schutzmauer, aus der sie nur einige Blöcke herausbeißen konnten. Besondere Schutzmaßnahmen waren nicht notwendig, aber die wachsenden Landverluste an der Nordküste des Hochlandes erfüllten die Behörden mit neuer Besorgnis.

Dieses Hochland ist ein Produkt der Eiszeiten und Zwischeneiszeiten. Es besteht aus Bänken von Geschiebemergel, Ton und Lehm, unterbrochen von Sandschichten verschiedener Mächtigkeit. Seit Jahrtausenden hat das Meer die Nordküste Hiddensees angenagt. Der Urblock, der hier aus den Wassern ragte, muß um ein Vielfaches umfangreicher gewesen sein, als das jetzige Hochland, denn aus den ausgewaschenen Sand- und Tonschichten des Hochlandes ist das Flachland von Hiddensee erst allmählich aufgebaut worden. Und noch immer dient der aus den Schichten des Dornbusches fortgeführte Sand zur Verlängerung des Gellen und des Bessin.

Regen, Schnee, Wind, Sonne und Frost und im Zusammenhang damit die Quellen, die aus den Hügeln entspringen, lösen zunächst die Tonmassen im Inneren auf. Diese durchweichten Massen treten vielfach am Fuße der Hügel als Schlammbrei zutage, so daß man bei einer Umwanderung des Hochlandes unten am Strande plötzlich tief in diesem zähen Ton versinken kann. Die mehr und mehr ausgehöhlten Erdmassen brechen langsam in sich zusammen, Risse und Senkungen entstehen, die ab und an zu Erdrutschen führen. Die Sandschichten, die oft eine Mächtigkeit von über sechs Meter haben, werden vom Winde ausgeblasen und rieseln nach unten. Ton und Sand würden eine natürliche Böschung bilden, die dem weiteren Abrutschen des Ufers Einhalt gebieten könnte, aber das Meer läßt ihnen keine Ruhe. Es nimmt, besonders bei höherem Wasserstande, die herabgesunkenen Erdmassen gierig mit sich fort und verfrachtet sie je nach der Windrichtung entweder nach Südwest oder nach

Südost. Diese ganze Entwicklung wurde noch durch die „Steinzanger" beschleunigt, die seit Jahrzehnten dem Blockstrand am Uferfuß und weiter bis unter das Wasser fortgesetzt die kräftigsten Steine raubten, so daß diese natürlichen Wellenbrecher immer mehr ausgelichtet wurden und die Brandung leichteren Zugang zu den herabgesunkenen Erdmassen fand. Zu spät ist diese Schädigung der Insel erkannt worden. Aber erst im ersten Jahrzehnt unseres Jahrhunderts wurde das Steinzangen an der Küste von Hiddensee ganz verboten.

Wollte man den Dornbusch vor dem endgültigen Untergang bewahren, mußte der verderbliche Einfluß des Meeres ausgeschaltet werden. Das konnte nur durch eine Steinmauer erreicht werden, die sich wie ein schützendes Band um den ganzen Dornbusch herumlegt. Hiddensee mußte erhalten bleiben, weil diese kleine Insel wie ein Bollwerk vor der Westküste Rügens liegt, die ohne natürlichen Schutz den Fluten willenlos preisgegeben werden würde. Außerdem wies unser Leuchtturm seit längerer Zeit schon bedenkliche Risse auf, die durch Senkungen des umliegenden Erdreichs entstanden waren. In den Jahren 1904 und 1905 hat der Geologe Dr. Johannes Elbert umfangreiche Untersuchungen und Bohrungen im Auftrage der Regierung unternommen, zwar keine unmittelbare Gefährdung des Leuchtturms festgestellt, aber eine künstliche Verbreiterung des Strandes durch Buhnen empfohlen[26]. Eine Ministerialkommission auf Hiddensee stellte im Jahre 1910 fest, daß ein Schutzdamm viele Millionen verschlingen würde, und riet zum ruhigen Abwarten des Zeitpunktes, zu dem der hügelige Kopf der Insel durch weiteres Absinken noch kleiner geworden wäre, was noch einige Jahrhunderte dauern könnte. Dann ließen sich mit weit geringeren Mitteln Schutzmaßnahmen durchführen. Diese Ansicht, die so recht nach einem Schildbürgerstreich klingt, wurde allerdings durch die zunehmenden Zerstörungen bei geringeren Hochfluten fallengelassen. Im Jahre 1937 wurde der Beschluß gefaßt, den Dammbau in Angriff zu nehmen. Es wurde damit kurz vor der Hucke begonnen, um zunächst diese vorspringende

Nase der Insel zu schützen. Hätte man damals gleich am Rettungsschuppen angesetzt, wäre das Ufer zwischen ihm und der Hucke nicht, wie es inzwischen geschehen ist, angenagt worden. Die Arbeit zog sich bis zum Oktober 1939 hin. Das Innere des Schutzwalles ist aus Findlingsblöcken aufgebaut, die in deutschen Gewässern gezangt worden sind. Die Außenhaut besteht aus Granitblöcken, die an der Südküste Schwedens bei Simrishamn gewonnen wurden. Jeder laufende Meter des Dammes kostete etwa 1000 Mark. Leider unterbrach der Krieg den Bau, und der Damm ist ein Torso geblieben. Es ist aber besonders bei der Hucke doch so viel erreicht worden, daß dort ein natürlicher Böschungswinkel entstand und das Ufer nicht mehr senkrecht abbricht, sondern sich sanft abdacht. Und Abstürze haben an dieser Stelle völlig aufgehört.

Der Leuchtturm war bereits 1927 ganz mit Eisenbeton umkleidet worden, da die Risse, die sich vom Fundament bis zur Spitze gebildet hatten, von Jahr zu Jahr zunahmen. Mit diesem Korsett kann der Turm nun nicht weiter aufreißen, er kann nur noch als Ganzes umfallen. Diese Arbeit hat der für Hiddensee stets sehr interessierte „Wasserbaurat" Bruchmüller ausgeführt.

„Hol äwer!"

Der Fährbetrieb ist heute ausgezeichnet organisiert. Die Fährleute verfügen über zwei Motorboote, von denen das eine täglich als Postboot eingesetzt ist. Außerdem sind die Stunden festgelegt, zu denen das Fährboot drüben auf Seehof wartet und zum Übersetzen zur Verfügung steht. Alles geht also einwandfrei seinen Gang – vorausgesetzt, daß am Strande kein Eis liegt. Denkt man jedoch um etwa fünfzig Jahre oder noch länger zurück, sah es mit unserem Fährbetrieb wesentlich anders aus.

Von Hiddensee aus war es nicht schlimm. Man wanderte den Binnenstrand entlang, bis man zur Fährinsel kam. Und wenn man nicht schon vorher beobachtet worden war, legte man die Hände an den Mund und rief: „Hol äwer!", worauf meist jemand von den Frauensleuten die Polt herüberstakte, um den Rufenden zu holen. Eine Brücke gab es allerdings weder auf der Fährinsel noch auf Seehof. War der Wasserstand ungünstig, wurden Männlein und Weiblein gleicherweise auf dem Rücken des Fährmannes ins Boot und auch wieder vom Boot an Land getragen. Es soll mitunter vorgekommen sein, daß der Fährmann mitsamt seiner Bürde ins Wasser fiel.

Schwieriger war es, sich von Rügen aus bemerkbar zu machen, denn bei der Entfernung von zwei Kilometern war an ein Rufen nicht zu denken. Kam man auf Seehof an, stellte man sich auf die Schanze, die seit dem Nordischen Kriege am Stolper Haken liegt, wanderte dort unablässig hin und her und hielt Schirm oder Stock, falls man solch einen Gegenstand bei sich führte, hoch, um sich bemerkbar zu machen. Hatte man Glück, sahen einen die Fährleute und kamen gleich herüber. Oft ging es aber auch so zu, daß der Ausschauhaltende meinte: „Dor steiht ein up de Schanz. Na, täuw man noch en bäten. Bi Poggenhof kümmt, glöw ick, uck noch ein an." Und dann hieß es noch weiter warten. Was aber wurde, wenn Nebel und unsichtiges Wetter herrschten! Dann konnte man stundenlang laufen und warten, allen Unbilden der Witterung schutzlos preisgegeben. Mitunter erhielt man unvermutet noch hinterrücks einen Stoß und fiel kopfüber die Schanze hinab. Dann war man in Feindberührung mit dem angriffslustigen Schafbock des Bauern auf Seehof geraten.

So hatte ich am Anfang meiner Amtszeit – es mag ungefähr 1905 gewesen sein – einmal im Regen eine Stunde lang vergeblich auf der Schanze gestanden, ging schließlich völlig durchnäßt zum Bauern auf Seehof, um mich am warmen Ofen etwas aufzutrocknen, und ließ den Pferdejungen für fünfzig Pfennig stellvertretend für mich weiter auf der Schanze stehen.

Nun hatte ich gerade in der „Sundine", diesem reizvollen Unterhaltungsblatt Stralsunds zur Biedermeierzeit, einen Aufsatz eines meiner Vorgänger, des Pastors Kirchner, über Hiddensee aus dem Jahre 1833 gelesen. Kirchner schrieb über die Fähre: „Rücksichtlich der Breite der Fähre wäre es wünschenswerth und sehr zweckmäßig, wenn die Fährleute von der rügenschen Seite der Fähre von den Reisenden mittelst eines Sprachrohres, einer Flagge und einer auf einen Stab gesteckten Laterne nach Umständen zum Ueberfähren signalisirt würden. Diese drei Instrumente, welche durchaus nothwendig sind, könnten bei dem auf Seehof wohnenden Bauern aufbewahrt werden, von wo aus auch die Signale ertheilt werden können."[27]

Ich schrieb diesen Passus ab und schickte ihn an den Landrat des Kreises Rügen, schilderte meine Nöte und machte geltend, daß ich ja nicht der einzige sei, der bei schlechtem Wetter leiden müßte. Nachdem der Wunsch nach einer besseren Verständigungsmöglichkeit bereits vor einem dreiviertel Jahrhundert gestellt worden sei, wäre es nun wohl an der Zeit, ihm nachzukommen. Jetzt aber solle man auf eine Fahne, auf eine Laterne und auf ein Sprachrohr verzichten und statt dessen das Telephon benutzen. Der Landrat hatte ein Einsehen. Die Fährinsel bekam eine Telephonverbindung mit Seehof. Nun konnte man sogar schon von Trent oder Schaprode aus die Fährleute von seinem Kommen verständigen und fand dann das Fährboot bereits am Ufer vor.

Unsere alten Fährleute haben sich meinem Gedächtnis unvergeßlich eingeprägt. Da war zunächst der alte „Nüll", wie sie ihn nannten, ein greiser Patriarch. Er war schon zu gebrechlich, um noch selbst am Fähren teilzunehmen. Doch er war wetterkundig und wußte im voraus, ob es einen gelinden oder einen strengen Winter geben würde. War vom Winter die Rede, konnte man die Leute sagen hören: „Ne, dat ward noch kein Winter. Nüll hett noch nich Winter makt." Nülls meteorologische Kriterien waren, wie ich glaube, das Verhalten der Möwen und der Regenwürmer. Und es wurde gesagt, daß seine Voraussagen an Richtigkeit den Nachrichten der Wetterwarte kaum nachgestanden hätten.

Dann war da der alte Gau. Er hatte drei Kinder: Johann, Rieke und Albert. Albert starb früh, aber Johann und Rieke lebten lange, beide unverheiratet, in einem alten Räucherkaten, der heute nicht mehr steht. Johann wurde „Fährjohann" genannt. Im Nebenhause wohnte „Fähraugust" (August Hübner). Fährjohann und Fähraugust besorgten in der Zeit, von der ich erzähle, den Fährbetrieb.

Ernst Zahn hat ein ergreifendes Buch geschrieben, das den Titel „Helden des Alltags" trägt. Fährjohann und Fähraugust waren Helden des Alltags. Mit den bescheidenen Hilfsmitteln der damaligen Zeit haben sie oft Übermenschliches geleistet und es willig getan, wenn es galt, die Post, die vielleicht schon mehrere Tage nicht herübergebracht werden konnte, von Seehof zu holen, oder Menschen, die zwei bis drei Tage bereits in Trent oder Schaprode gewartet hatten, auf die Insel zu bringen. Oft haben sie im Winter stundenlang gearbeitet, immer in ihrer kleinen Polt von der Gefahr bedroht, vom Treibeis in den Libben gedrängt zu werden. Und sie taten alles, ohne viele Worte darum zu machen. Ehre ihrem Andenken!

August ist im besten Mannesalter gestorben. Seine Witwe starb als einundneunzigjährige Urgroßmutter im Jahre 1952 auf der Fährinsel. An der Stelle des alten Fährjohann, der auch nicht mehr am Leben ist, steht sein Neffe Heinrich, Alberts Sohn, der nun auch schon zu den Alten gehört. Daneben wirkt jetzt in frischer Kraft die junge Generation, denn auch der alte „Onkel Ernst", der Bruder von August, kann nicht mehr viel leisten.

Die Fährgerechtigkeit ist seit langer Zeit stets in den Händen derselben beiden Familien geblieben. Möge das fernerhin auch so sein, denn überlieferte Berufstätigkeit und vererbte Berufstreue sind etwas Großes auf der Erde.

Unsere Schulmeister und Ärzte

Die Anfänge unseres Schulwesens verlieren sich in der Dämmerung der Vergangenheit. Es wird auf Hiddensee so gewesen sein wie überall auf dem Lande. Ein Küster erteilte schlecht und recht den Unterricht. Es hat auf Hiddensee wahrscheinlich jahrhundertelang nur eine einzige Schule gegeben, und zwar im Kirchdorf Kloster. Der Grundherrschaft lag, solange die Leibeigenschaft bestand, nicht viel an einer Erweiterung des Gesichts- und Bildungskreises ihrer Untertanen. Daher haben nur wenige Hiddenseer damals schreiben und lesen können. Noch in den Rezessen aus der Mitte des vorigen Jahrhunderts haben die meisten Einwohner der Insel ihre Unterschrift nur in Gestalt von drei Kreuzen geleistet. In einem Rezeß von 1864 fand ich unter 57 Unterschriften 37 solcher Handzeichen.

Die älteste Urkunde der hiesigen Schulakten stammt aus dem Jahre 1788 und ist ein „Entwurf dessen, was hiesiger Schulmeister und Küster Jochim Carow, wie darüber jetzige Herrschaft von Hiddensee mit dem p. T. Pastore B. L. Crüger conferiret hat, zu erhalten hat".

Zum besseren Verständnis jener Akte sei vorausgeschickt, daß zwei Schilling gleich einem Silbergroschen waren. Der Reichstaler hatte 24 Silbergroschen, also 48 Schillinge.

Die Urkunde vermeldet:

„1. Als Schulmeister genießet er:

1. Aus Grieben, Neuendorf und Plogshagen von einem jeden Bauern und Pächter ¼ Scheffel Roggen jährlich in natura.

2. Aus Vitte und von der Fähre von einem jeden Käther ½ Viertel Scheffel Roggen jährlich, wo sie es aber nicht in natura bezahlen wollen, dafür 3 Schilling, beständig den Scheffel mit 24 Schilling bezahlt.

An Accidentien von der Schule empfängt er aus allen Dörfern, die ihre Kinder nach der Schule zu schicken verbunden sind,
1 Schilling Schulgeld wöchentlich,
2 Schilling von denen, welche schreiben lernen,
3 Schilling Einspringelgeld von denen Griebern, Neuendörfern und Plogshagern,
2 Schilling Einspringelgeld von denen Vittern,
2 Schilling von einem jeden, der zum erstenmahle zum H. Abendmahle geht.

Nota: diejenigen, die nicht bey ihm in der Schule gewesen sind, müssen ihm so dann auch das Einspringelgeld bezahlen, aus allen Dörfern 2 Schilling von einem jeden Kinde, das eingesegnet wird. Freyen Torf genießet er von der Schule, welchen das Land ihm stechen, stücken und fahren muß.

2 Kühe zu halten wird ihm frey gestanden, wofür er freye Weide hat, jedoch füttert ihm die Herrschaft nur eine Kuh frey aus. Desgleichen wenn die Herrschaft Schweine hält, wird ihm 1 Schwein auf der Hof Hude frey gehalten.

Noch verspricht die Herrschaft ihm zu geben:

3 Scheffel Roggen und ein Reichsthaler 8 Schilling jährlich an Gelde."

Nachdem also die Einkünfte aufgezählt sind, welche Carow aus dem Küsteramte zustehen, werden ihm allerlei Anweisungen erteilt. Unter anderem wird er ermahnt, „fleißig Schule zu halten". Carow hat diesen Fleiß gewiß nicht oft zur Anwendung bringen können, weil die Kinder ausblieben. Es war auch kaum zu verlangen, daß die Kinder aus Neuendorf und Plogshagen regelmäßig den 8 Kilometer langen Schulweg zurücklegten.

In ein günstigeres Stadium trat das Schulwesen auf der Insel erst, als die Leibeigenschaft aufgehoben war und Hiddensee im Jahre 1835 aus Privathänden in den Besitz des Klosters zum Heiligen Geist in Stralsund übergegangen war. Dieses Kloster und die Regierung haben gemeinsam dafür gearbeitet, daß ein geordnetes Schulwesen aufgebaut wurde.

Im alten Memorabilienbuch der Kirche wird unter der Rubrik „Schulangelegenheiten" darüber berichtet:

„Im Jahre 1837 wurde von der Grundherrschaft der Insel, dem Kloster zum Heil. Geist in Stralsund, für die Dorfschaften Plogshagen und Neuendorf eine Schule errichtet, und somit ein sehnlicher Wunsch der Einwohner erfüllt, wie einem dringenden Bedürfnisse abgeholfen. Der zum Lehrer an der neu errichteten Schule ernannte Schulamtsbewerber Friedr. Bernhard Freybourg wurde am 11ten Juny 1837 mit angemessener Feierlichkeit nach Beendigung des Gottesdienstes in der Kirche in sein Amt eingeführt und auf dasselbe vereidet ... Im Jahre 1839 wurde von der Grundherrschaft der Insel für die Dorfschaften Kloster, Vitte und Grieben, wie für die Fährinsel, zu Kloster ein neues massives Schulhaus erbauet und der Gemeinde übergeben. Als Lehrer an dieser Schule wurde der frühere Schullehrer zu Plogshagen Friedr. Bernhard Freybourg gegen den Willen des Schulverbandes gewählt. Da ihm von der Königlichen Regierung die Vocation bestätigt war, auch die gegen ihn bei dem wohllöblichen Landraths-Amte zu Bergen vorgebrachten Klagen wegen zu harter Behandlung der Schulkinder zu Plogshagen sich als unzureichend zu einer Removirung vom Amte auswiesen, so wurde der p. Freybourg am 17ten Mai des Jahres 1840 von mir in sein Amt eingeführt, und die Klagesteller zur Ruhe verwiesen. Inzwischen führte er noch bis Johannis desselben Jahres sein Amt zu Plogshagen fort, weil häusliche Verhältnisse keinen früheren Umzug gestatteten, während den Unterricht zu Kloster einstweilen der an seine Stelle zu Plogshagen erwählte Schulamtsbewerber Wilhelm Wulff übernahm. Der am 25ten Juny stattfindende Umzug des Lehrers veranlaßte jedoch wiederum eine heftige Opposition der Schulgemeinde Kloster und es weigerten sich alle insgesammt, ihre Kinder zu dem Lehrer Freybourg in die Schule zu schicken. Erst die Androhung der gesetzlichen Schulversäumnisstrafen von Seiten der Königlichen Regierung zu Stralsund bewog den Schulverband zum Nachgeben und zum Gehorsam, so daß denn endlich am 10ten August die Schule zu Kloster eröffnet wurde. So haben denn jetzt alle Kinder des Kirchspiels Gelegenheit, in wohlgeordneten Schulen Geist und Herz zu bilden."

In der Tat war nun hiermit der größte Übelstand beseitigt: die Kinder von Neuendorf brauchten nicht mehr nach Kloster zur Schule zu gehen. Dort versammelten sich nur noch die Kinder von Kloster, Vitte und Grieben. Doch wenn es regnete und der Weg nach Grieben aufgeweicht war, erschienen die Griebener Kinder nicht. Die von Vitte machten sich wohl auf den Weg; aber sie blieben meist hinter dem nördlichsten Hause von Vitte stehen und hielten Umschau, ob nicht einige Wolken heraufzogen, die Unwetter verhießen. „Ach, dat kümmt dor so schwart rupp. Dat giwt Rägen. Will'n man noch en bäten täuwen!" sagten sie und „täuwten" so lange, bis der halbe Vormittag vergangen war und es nicht mehr lohnte, nach Kloster zum Unterricht zu gehen.

Das Schulzimmer befand sich zu jener Zeit in den beiden südlichen Räumen des Küsterhauses, die damals noch durch keine Wand getrennt waren. Verziert war es durch mehrere große Kartoffelkisten. Und es dauerte lange, ehe die Gemeinde sich dazu bereit fand, für den Lehrer einen Keller bauen zu lassen.

Aufschlußreich für die Vorbildung der Lehrer zu jener Zeit, die noch keine Präparandenanstalten und Lehrerseminare, geschweige denn ein Studium der Lehrer für die Volksschulen kannte, ist der Lebenslauf Freybourgs, der sich in den Schulakten findet.

„Friedrich Bernhard Freybourg, geboren zu Stralsund d. 27. Januar 1807, Sohn eines Zollinspektors, gebildet auf dem Gymnasium in Stralsund, dessen Klassen er bis Tertia besuchte. Im Jahre 1822 widmete er sich dem Kaufmannsstande und lebte 14 Jahre in diesem Berufe. Als eine kaufmännische Unternehmung ihm mißglückte, wandte er sich dem Lehrfache zu und bildete sich von 1836-37 auf der Bürgerschule zu Stralsund zum Lehrer aus. Er wurde Ostern 1837 von der Königlichen Prüfungs-Commission in Greifswald geprüft und auf Grund der dort im Jahre 1837 bestandenen Prüfung von Seiten des Provisorates des Klosters zum Heil. Geist in Stralsund als Lehrer der Schule zu Plogshagen berufen und zu Ostern 1837 in dies ihm übertragene Amt eingeführt. An dieser Schule wirkte er drei Jahre bis Ostern 1840, wo er von demselben Provisorat als Lehrer der Küsterschule zu Kloster berufen ward, indeß die Küstergeschäfte noch von dem als Lehrer emeritierten Küster Ernst Christoph Karow bis zu dessen am 22. August 1849 erfolgten Ableben verwaltet wurden ... ."

Wenn man nun auch danach trachtete, die größeren Kinder von Vitte an einen regelmäßigen Schulbesuch zu gewöhnen, blieben die Kleinsten, die Schulanfänger, noch immer ohne Unterricht, da sie bei schlechtem Wetter den Weg bis Kloster nicht laufen konnten. Außerdem machte sich in den älteren Jahrgängen die mangelhafte Vorbildung gerade der ersten Schuljahre verhängnisvoll bemerkbar. Daher erwog die Regierung schon von 1839 an die Errichtung einer Vorschule in Vitte, die die Abc-Schützen besuchen konnten.

Nach vielem Hin und Her verfiel man auf die Hebamme als Lehrerin, die Frau des Halbkossathen Johann Karl Schluck auf dem Norderende von Vitte. Sie war die Tochter des ehemaligen Küsters und Schulmeisters Carow in Kloster. Vielleicht hielt man sie um dieser Abkunft willen für prädestiniert zum Unterrichten. Aber die Freude mit ihr dauerte nicht lange. Sie unterrichtete zwar mit befriedigendem Erfolge und erhielt zu ihrer weiteren Ausbildung als Lehrerin ein halbes Jahr lang wöchentlich an den zwei schulfreien Nachmittagen Anweisung vom Lehrer Patzenhauer in Plogshagen, aber sie konnte sich nicht mit der Gebundenheit durch das Lehramt versöhnen und gab nach wenigen Jahren das Schulehalten wieder auf.

Nach jahrelangen Verhandlungen durch einen neugebildeten Schulverband in Vitte wurde dort 1887 eine besondere Lehrerstelle eingerichtet und ein massives Schulhaus erbaut. Es währte also von der ersten Urkunde über das Schulwesen unserer Insel vom Jahre 1788 an ein rundes Jahrhundert, bis von einem geordneten Schulwesen auf Hiddensee gesprochen werden konnte.

*

Nicht viel anders ist es uns auch mit den Ärzten ergangen.

In der ersten Hälfte des vorigen Jahrhunderts, ungefähr von 1815 an bis in die Mitte der fünfziger Jahre, finden sich im Totenbuche der Kirchengemeinde unter der Rubrik „Todesursachen" allerlei merkwürdige Eintragungen. Da steht zum Beispiel zu lesen: „Häutige Bräune mit ärztlicher Hilfe." Das erweckt den Anschein, als hätte der Arzt dazu beigetragen, die häutige Bräune zur Todesursache zu machen. An anderer Stelle finden wir die Eintragung, daß jemand an der „Gicht mit ärztlicher Hilfe" gestorben sei. Auch „Galoppierende Schwindsucht mit ärztlicher Hilfe" ist eingetragen worden. Demgegenüber stehen auch Notizen wie diese: „Lungenentzündung ohne Arzt", „Scharlachfieber ohne Arzt", „unbestimmte Krankheit ohne ärztliche Hilfe". An anderer Stelle wiederum steht die geradezu scherzhaft klingende Anmerkung: „Kränklich geboren ohne Arzt."

Alle diese Angaben dienten zur Ermittlung für die Behörde, bei wie vielen Todesfällen ein Arzt während der letzten Krankheit zugezogen worden war. Und da damals der Pastor eine Art Mädchen für alles war, wurde ihm die Nachforschung darüber auferlegt. Der Einfachheit halber fügte er seine Feststellungen gleich der Todesursache bei.

In jenen Zeiten hatte die Insel keinen eigenen Arzt. Der nächste Arzt saß in Gingst, und von dort bis Hiddensee ist eine weite und teure Reise zurückzulegen. Nur in seltenen Fällen, wenn auf das Leben des Erkrankten besonderer Wert gelegt wurde – was bei alten Leuten und ganz kleinen Kindern kaum der Fall war –, wurde der Arzt nach Hiddensee geholt. Konnte er nicht herüberkommen, „verordnete er abwesend", wie es mehrfach heißt. Dabei war es gewiß reichlich schwierig, aus den ungenauen Berichten des Boten zu einer klaren Diagnose zu gelangen. Als ich nach Hiddensee kam und mein Amt antrat, war insoweit doch schon eine wesentliche Verbesserung in der ärztlichen Versorgung eingetreten, als ein Arzt in Schaprode saß und sich sogar ein eigenes Haus gebaut hatte. Um diesem Arzt eine ausreichende wirtschaftliche Grundlage zu bieten, wurde im Umkreis von Schaprode und ebenso auf Hiddensee ein sogenanntes Standgeld erhoben, das für jede Familie vier Mark betrug. Für Hiddensee kamen etwa 800 Mark zusammen, welche die Dorfschulzen einzogen und dem Arzt ablieferten. Dafür hatte der Arzt die Kranken zu den niedrigsten Sätzen der Medizinaltaxe zu behandeln.

Der damalige Schaproder Arzt, ein Ostfriese, war ein ordentlicher und tüchtiger Mann; er hatte nur einen Fehler: er war wasserscheu. Holten ihn die Fischer beim Sturm nach Hiddensee, beschwor er sie jedesmal, nicht über Stellen zu segeln, wo das Wasser tiefer als ein Meter war. Ein völlig unausführbares Verlangen! Natürlich betrogen ihn die Fischer, tauchten ihren Bootshaken bis zu einem Meter ein und zeigten dann den nassen Stock mit den Worten: „Seihn Sei, Herr Dokter, deiper is dat Water hier nich!"

Diese Wasserscheu brachte ihn aber schließlich doch um die Praxis auf Hiddensee, nachdem er einen Fall von Blinddarmentzündung wegen schlechten Wetters durch „abwesende Verordnung" mit Fieberpulvern behandelt hatte. Der Patient kam zwar doch mit dem Leben davon, aber es erhob sich ein flammender Protest unter den Bewohnern Hiddensees. Es wurde eine Volksversammlung einberufen, die den Beschluß faßte, einen eigenen

Arzt auf der Insel anzustellen. Man glaubte, mit einer Erhöhung des Standgeldes einen Arzt auf der Insel seßhaft machen zu können; diese Hoffnung erwies sich als falsch, und so tauchte der Vorschlag auf, von den Badegästen eine Kurtaxe zu erheben, die unter der Form einer „Arzttaxe" die Genehmigung der Behörde fand.

Dem nach Hiddensee gerufenen Arzt wurde ein für die damalige Zeit ansehnliches jährliches Fixum garantiert, aber bei Jahresabschluß stellte der Amtsvorsteher fest, daß 600 Mark an der nötigen Summe fehlten. Es brauchte eines persönlichen Einsatzes beim Kultusminister, um die Regierung dazu zu bewegen, angesichts der insularen Lage von Hiddensee und ihrer winterlichen Isolierung einen jährlichen Zuschuß des Staates in dieser Höhe zu erwirken, der viele Jahre gezahlt worden ist. Die Vermittlung dieser Angelegenheit übernahm der heute als Oberregierungsrat a. D. auf Hiddensee lebende Hoffmann, dem der Einsatz für das Wohl und die Gesundheit der Bevölkerung Hiddensees niemals vergessen werden soll.

Schwierig war es zunächst, für den Arzt ein angemessenes Unterkommen zu finden. Der erste Arzt wohnte in der oberen Etage bei Bäckermeister Schwartz in Vitte. Der zweite zog in das Haus Sanssouci, ebenfalls eine Treppe hoch. Doch der Vorstand des Arztverbandes erkannte bald, daß man nur durch die Gestellung einer ausreichend großen und guten Wohnung auf die Dauer einen tüchtigen Arzt auf Hiddensee halten könne. So wurde 1914/1915 in Vitte ein Arzthaus nach den Plänen des Architekten Holländer aus Berlin gebaut, dessen solide und dauerhafte Arbeit dem Bauunternehmer Richard Arndt in Vitte alle Ehre macht. Bei der Wahl der Ärzte haben wir freilich alle Kinderkrankheiten durchmachen müssen, die auf diesem Gebiet nur denkbar sind. Einer unserer ersten Ärzte war bei Nacht und Nebel aus dem Osten vor seinen Gläubigern geflohen und hatte auf Hiddensee ununterbrochen Besuche des Gerichtsvollziehers zu empfangen. Er hatte auch sonst manche Eigenarten, machte seine Krankenbesuche meist am späten Abend und ging selbst bei hellstem Mondschein stets mit einer brennenden Stallaterne. Außerdem vergaß er niemals, eine geladene Browningpistole bei sich zu tragen, um etwaige Angriffe des Bullen abwehren zu können, der inmitten seiner Kuhherde zwischen Kloster und Vitte weidete. Doch war er ein nicht unfähiger Mann und auf vielen Wissensgebieten zu Hause. Ich besinne mich noch gut, daß er sich einmal eine Stunde lang mit mir darüber unterhielt, wie Odysseus es gemacht habe, durch die Öhre der hintereinander aufgestellten Äxte zu schießen; ob er dabei wohl auf dem Bauche gelegen habe oder auf den Knien. Als sein Vertreter erschien einmal ein schwerer Trinker auf der Insel, der im Winter eifrig von Ort zu Ort fuhr und überall mehrere Glas Grog trank. Er bekam schließlich von dieser Überbelastung der Nieren eine böse Urämie und konnte wegen seiner geschwollenen Füße nicht mehr gehen. So haben ihn die Fischer mit der Schiebkarre bis an das Haus des Patienten fahren müssen.

Endlich, nach mehreren Jahren und mancherlei Wechsel, kam ein Arzt, der sich das Vertrauen der Bevölkerung uneingeschränkt erwarb, so daß die Leute nicht mehr, wie es eine Zeitlang eingerissen war, in Krankheitsfällen zu allerlei Wunderdoktoren liefen. Und diese aus der Not geborene Angelegenheit ist schließlich zu einem Segen für unsere Insel geworden. Heute kann sich niemand mehr recht vorstellen, wie die Hiddenseer so lange ohne ärztliche Hilfe an Ort und Stelle leben konnten.

Der verlorene Leichenwagen

Nach altem Brauch fuhr der Bäcker auf Hiddensee jeden, der bei ihm Brot gekauft hatte, auch zu Grabe. Unsere beiden Bäcker teilten sich in die Leichenfuhren. Das war gewiß schon über hundert Jahre lang so gehalten worden, und es wäre auch weiterhin so geblieben, wenn nicht die Sommerfremden auf die Insel gekommen wären und gerade mitten im heißesten Sommer ein Todesfall eintrat, bei dem die Badegäste mit entsetzten Augen sahen, daß der gleiche Wagen, auf dem sonst die Brote lagen, den Sarg trug. Es mögen vielleicht auf demselben Wagen auch Spuren der Verwesung sichtbar geworden sein. Jedenfalls entstand auf der Insel große Aufregung wegen dieser zum Himmel schreienden unhygienischen Zustände. Die Fremden drohten, die gesamte Presse einzuschalten, wenn diese Unsitte nicht sofort abgeschafft würde, und kein Mensch würde mehr nach Hiddensee kommen! Alle großen Hotels und Pensionen würden verlassen bleiben, ein Bankerott dem anderen folgen. Darauf beschloß der Amtsvorsteher der Insel, Wüstenberg, schweren Herzens, nach Stralsund zu fahren und dort nach einem geeigneten Leichenwagen Ausschau zu halten. Er fand ein entsprechendes, gebrauchtes Gefährt, das für die Stadt nicht mehr schön genug war, doch für das Land noch brauchbar schien. Auf eine schwarze Decke für die Pferde und auf die üblichen Trauerfransen des Wagens verzichtete man.

Der Wagen kostete allerhand Geld. Und man sah damals auf die Groschen in dem sogenannten Zweckverband Hiddensee. Da kam ein findiger Kopf auf den Gedanken, einen Teil der Kosten durch ein Wohltätigkeitskonzert wieder einzubringen.

Klärchen Häckermann! Ein Hiddenseer Original, bei dem man einige Augenblicke verweilen muß! Und zwar gerade jetzt, denn an der nun folgenden echt hiddenseeischen Geschichte hat sie den entscheidenden Anteil getragen.

Wenn man sie sah, den Tituskopf, die brennende Pfeife im Munde oder beim Glase Bier mit den Fischern die Nächte hindurch skatspielend, konnte man sich des Eindrucks nicht erwehren, einen stark zum Männlichen neigenden Frauentyp vor sich zu haben. Sie hatte in jüngeren Jahren ein Gut auf Rügen bewirtschaftet und sich dann von der Holz- und Baugesellschaft in Greifswald das Hotel Hitthim bauen lassen. Das war im Jahre 1909 gewesen. An diesem Hotel nahm sie im Laufe der Jahre noch mancherlei Anbauten und Veränderungen vor.

Das Hotel ging gut. Es lag hart am Bollwerk und fing also den ersten Ansturm der vom Dampfer kommenden Gäste ab. Klärchen Häckermann ging mit den Gästen freundlich um, und jeder freute sich an ihrer Originalität. Das Haar trug sie immer kurz. Wenn man sie rauchend fand, war sie zu Anfang leicht beschämt und steckte die brennende Pfeife flugs unter die Schürze, bis ihr zu viele Taschen versengt waren. So gab sie die falsche Scham auf. Die Gäste hatten allerdings mit irgendwelchen Beschwerden kein Glück bei ihr. Sie verzog sich einfach mit dem Bemerken, sie käme gleich zurück, schloß sich aber für Stunden in ihrem Zimmer ein. Trat sie dann wieder in Erscheinung, hatte sich der aufgeregte Gast aus dem Staube gemacht, weil ihm das Warten zu langweilig geworden war. Sie brachte dagegen junge Fischer, die des Nachts zuviel dem Alkohol zugesprochen hatten und nicht mehr ganz sicher auf den Beinen waren, unter den Arm gefaßt nach Vitte nach Haus. Trotz ihrer vielen Sonderbarkeiten hatte jeder sie gern, und man konnte gut viele Stunden mit ihr verplaudern.

Also in den Räumen ihres Hotels Hitthim fand das Wohltätigkeitskonzert für den Leichenwagen statt. Um recht viele Besucher anzulocken, war ein anschließendes Tänzchen angekündet worden. Klärchen eröffnete den Tanz mit dem Amtsvorsteher und führte den ersten Walzer an. Und so ging es dann lustig und vergnügt bis nach Mitternacht. Man tanzte ja für die Kosten des Leichenwagens. Und man tat ein gutes Werk. Aber leider – die Presse kam auf den Plan. Bald darauf stand in einer großen Berliner Zeitung ein ironisch-satirischer Bericht über den Leichenwagentanz. Doch das nötige Geld war an diesem Abend zusammengekommen!

Nun besaß also Hiddensee auch einen Leichenwagen wie überall sonst in den Städten – ein Rollwagengestell mit einer Platte, die den Sarg trägt. Aber es zeigte sich nur zu bald, daß die Räder mit ihrem geringen Durchmesser nicht für unsere Inselwege geeignet waren. Mitunter blieben sie einfach im Sande stecken, ein andermal wollten sie aus einer Vertiefung des Weges oder aus einer Schneewehe nicht wieder heraus – es war also ein Fehlgriff!

Nach langem Beraten wurde vom Stellmacher ein einfacher Wagen gebaut, die Räder normal in Durchmaß und Breite, der sich in der Hauptsache nur durch die schwarze Lackierung von einem gewöhnlichen Ackerwagen unterschied. Und dieser Wagen tat zu aller Zufriedenheit viele, viele Jahre seinen Dienst. Er wurde irgendwo untergebracht, und der Gutspächter stellte gegen Bezahlung die Pferde.

Dann kam das Jahr 1945. Und mit dem Zusammenbruch des Hitlerkrieges die Besetzung auch der Insel Hiddensee durch die Rote Armee. Als die Kosaken, die gut ein viertel Jahr lang auf der Insel blieben und mit der Bevölkerung in ein freundschaftliches Verhältnis gekommen waren, abziehen sollten, wünschten sie sich einen „leichten Wagen", den sie mitnehmen wollten. Durch einen Hörfehler bekamen sie statt eines „leichten Wagens" den Leichenwagen. Nun war die Insel ihn wieder los, und es mußte erneut auf die alte Weise gehen. Das heißt – damit nicht wieder ein Protest erhoben wird – für den Brottransport ist jetzt ein besonderer Wagen eingesetzt, und die Leichen werden auf unseren Ackerwagen gefahren.

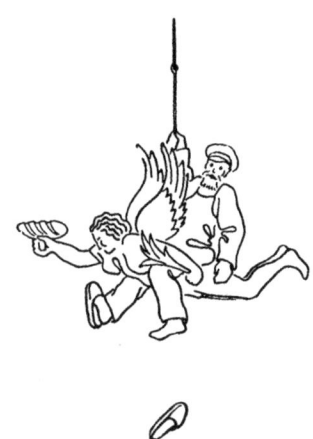

Allerlei Leute

Christoph Kradel und Schmied Mann

Die beiden, von denen ich hier zuerst erzählen will, weilen nicht mehr auf dieser Erde. Wenn sie von der Ewigkeit her Kenntnis von dieser Erzählung erhalten sollten, bitte ich sie, mir nicht böse zu sein! Aber vermutlich werden sie in ihrem jetzigen Seinszustande kein Interesse mehr für solches Geschreibsel haben.

Christoph Kradel war Tischler. Er zog von Trent, wo er sich nicht mehr ernähren konnte, nach Hiddensee und mietete sich zunächst in Vitte auf dem Norderende ein. Es ging ihm zu Anfang recht kümmerlich, zumal auch seine Frau krank war. Doch er arbeitete sich herauf, und man nahm ihn gern, weil er mit Begeisterung auch als Zimmermann tätig war. Schließlich konnte er sich ein schönes Haus am Süderende von Vitte erbauen. Mit der Zeit siedelte sich auch sein Sohn, der Sattler und Tapezierer war, auf Hiddensee an, dann sein Schwiegersohn, ebenfalls ein Tischler. Ihre drei Häuser liegen an der Spitze des Süderendes in einer Reihe von Ost nach West und hießen im Volksmunde „de Kradelstraat".

In Kloster lebte der Schmied Otto Mann. Er war groß und breit und hatte ein freundliches Gesicht. Er machte sich gern einen Spaß auf anderer Leute Kosten und hielt die Menschen oft zum Narren, wie man sagt. Seine Geschichten wußte er aber mit einer so treuherzigen Miene zum besten zu geben, daß man ihm unbedingt Glauben schenken mußte.

Nun sollte in unserer Kirche das hölzerne Tonnengewölbe nachgenagelt werden. Diese Arbeit wurde Kradel übertragen. Unter manchen Schwierigkeiten führte er die nicht ganz einfache Aufgabe mit Hilfe einer Leiter und ein paar Gerüsten durch. In unserer Kirche schwebt ein alter Taufengel von der Decke herab, der in früheren Zeiten heruntergelassen wurde, so daß er auf der flachen Schale in der Rechten das Taufwasser sinnbildlich vom Himmel herab brachte. Jetzt hängt er schon lange dort oben im Ruhestande fest an einer Kette.

Otto Mann pflegte mit vielem Schmunzeln folgende, von ihm frei erfundene Geschichte zu erzählen:

Als Christoph Kradel so unter der Decke beschäftigt war und gerade einen großen Nagel einschlug, verlor er das Gleichgewicht und fiel hinab. Er glaubte sich schon verloren, da gelang es ihm im letzten Augenblick, die eiserne Kette zu erhaschen, mit der der Engel an der Decke befestigt war. Er rutschte an dieser Kette hinunter und kam auf dem Engel zu reiten. Dort saß er ja soweit ganz sicher, aber wie herunterkommen? Auf sein Hilfegeschrei eilten Leute herbei, doch alle ihre Versuche, eine Leiter an den Engel anzulegen, scheiterten, weil der Engel stets nach der anderen Seite auswich. So schwankte der Engel mit seinem Reitersmann hin und her, bis Schmied Mann mit zwei dicken Eisenstangen kam und mit ihrer Hilfe den Engel versteifte, so daß sich eine Leiter anlegen ließ und Kradel den Erdboden wiedergewann.

Diese Geschichte wurde viel belacht und kam natürlich auch Kradel zu Ohren. Er ärgerte sich zwar über diese Anulkung, machte aber als verträglicher Mensch gute Miene zum bösen Spiel.

Doch der einfallsreiche Otto Mann machte Kradel noch einmal zur Zielscheibe seines Spottes. Kradel sei im letzten Herbst beim Sturm am Strande entlang von Kloster nach Vitte gegangen. Es sei schon recht dunkel gewesen. Da habe ihm der Sturm die Mütze vom Kopf gerissen. Er hinterher. Aber seine Kopfbedeckung entschlüpfte ihm immer wieder und landete schließlich in einer der Aalreusen, die zum Blankaalfang im Wasser gewesen, doch des Sturmes wegen herausgezogen worden war und nun unterhalb der Düne lag. Der Sturm hatte die Mütze bereits tief in die Reuse hineingepreßt. Da Kradel nun nicht gern, wie man hier sagt, „im barften Kopp" nach Hause gehen wollte, kroch er hinter der Mütze her in die Reuse hinein, verhedderte sich aber so fest in ihr, daß er nicht wieder hinausfinden konnte. Zappeln war nutzlos: er verstrickte sich nur immer mehr im Netzwerk und fürchtete bereits, daß er bis zum Morgen und bis die Fischer zum Strande kämen, in seinem Gefängnis sitzenbleiben müßte. Da kam ihm ein rettender Gedanke: er hatte ja seinen Demant, seinen Glasschneider, bei sich. Damit schnitt er ein Loch in die Netzwand und gewann wieder das Freie.

Diese Geschichte war dem guten Kradel nun doch zuviel. Den Engelsritt hatte er noch verziehen, doch jetzt verlangte er nach Rache. Er verklagte Otto Mann beim Schiedsmann wegen Verleumdung und erreichte, daß der Schmied zu dreißig Mark Geldbuße verurteilt wurde. Der Schmied Mann verlor selbst in dieser Situation nicht seinen Humor. Vorwurfsvoll wandte er sich an Kradel und sagte treuherzig: „Un Christoph, dat is nu de Dank dorför, dat ick Di von den Engel redt hew!"

Elisabeth Büchsel

Ein so eigenartig schönes Fleckchen Erde hat selbstverständlich nicht nur Besucher gefunden, die hier Erholung suchten, sondern auch Künstler, welche diese Schönheit bildlich darstellen wollten. Es gibt ja schon aus dem Jahre 1860 ein Gemälde von Nieny, welches das Norderende von Vitte mit den alten Räucherkaten zeigt. Auch die instruktive Sepiazeichnung von Antonie Biel aus den sechziger Jahren ist bereits erwähnt worden. Doch erst seit der Jahrhundertwende setzte der Strom der Maler und Malerinnen ein, die die Eigenart Hiddensees auf die Leinewand bannen wollten. Wir denken an Felix Krause; auch Willi Jaeckel hat durch den Bau eines Sommerhäuschens seine Liebe zu Hiddensee bewiesen, wenn auch ausgesprochene Hiddenseemotive unter seinen Arbeiten nicht häufig zu finden sind.

Die Treueste der Treuen, recht eigentlich d i e Hiddenseer Malerin ist Elisabeth Büchsel, die sich seit einem halben Jahrhundert unverdrossen Sommer für Sommer bis tief in den Herbst hinein auf der Insel aufhält.

Für Elisabeth Büchsel, die aus einem Stralsunder Kaufmannsgeschlecht stammt, bedeutet Leben soviel wie Malen. Man möchte meinen, sie wäre bereits mit einem Pinsel und mit einer Palette auf die Welt gekommen. Ihre Bilder geben eine umfassende Vorstellung von dem Reichtum der Hiddenseer Natur. In immer neuen Beleuchtungen stehen ihre Landschaften vor uns, zahllos sind die Fischerbilder, die Kinderbilder, spielende, tanzende, ruhende Kinder unserer Insel. Daneben Porträts von altmeisterlicher Vollkommenheit. Eine umfassende Ausstellung, die zu ihrem 80. Geburtstag in Stralsund gezeigt wurde, machte jeden mit der erstaunlichen Vielseitigkeit ihres Schaffens bekannt.

Sie, die Fünfundachtzigjährige, ist immer noch tätig; frisch und forsch; zwei Worte, die neben der Bescheidenheit, Anspruchslosigkeit und der Hilfsbereitschaft das Typische ihres Wesens umschreiben. Morgens, meist schon um 6 Uhr, geht sie zu ihrem Morgenbad, selbst noch im September und im Oktober.

Eines ihrer jüngsten Bilder, „Eine alte Umsiedlerin", das auf einer Ausstellung mecklenburgischer Künstler in Stralsund zu sehen war, zeigt sie noch immer auf der Höhe ihres Schaffens. Sie ist tief verwachsen mit dem „Söten Länneken" und den Menschen, die darauf leben, und sie gehört so untrennbar zu Hiddensee, wie die Höhenlinien des Dornbusches und die Weite der flachen Weiden.

Oskar Kruse

Onkel Oskar – oder wie man Dich abgekürzt nannte, Onkel Os – Du darfst in diesem Buche nicht fehlen; denn in den ersten beiden Jahrzehnten dieses Jahrhunderts warst Du ein geistiger Mittelpunkt auf unserer Insel. Ich sehe Dich noch deutlich vor mir, wie Du in der Veranda Deiner Burg im hohen Korbstuhl saßest, den Zigarrenstummel im Munde. Meist ging er Dir beim Erzählen aus, und Du verbrauchtest mindestens eine Schachtel Streichhölzer täglich, um ihn immer wieder anzustecken. Da saßest Du, freundlich schmunzelnd, immer erfreut, wenn Gäste zu Dir kamen. Um die Kaffeestunde des Nachmittags war man stets bei Dir willkommen. Und dann erzähltest Du meist ganz einfache Geschichten aus Deinem Leben, aber mit einem künstlerischen Erzählertalent vorgetragen, daß es ein hoher Genuß war,

Dir zuzuhören. Hin und wieder grenzten Deine Geschichten ans Unwahrscheinliche. Aber das liebtest Du. Und wenn ein Neuling bei Dir zu Gaste war, so steigertest Du Deine Geschichten gern ins Märchenhafte und suchtest dann mit listigen Seitenblicken festzustellen: Glaubt er das wohl noch? Und so wurdest Du immer kühner, bis der Zuhörer Dich schließlich mit offenem Munde anstarrte und nicht wußte, was er aus Dir machen sollte. Wer war denn nun Oskar Kruse? Er war der Sohn eines Großkaufmannes in Stettin. In seinen Mannesjahren besaß er einen Holz- und Zimmerplatz in einem Vorort von Berlin. Der Holzhandel brachte ihm Geld ein; vor allem konnte er das Gelände des Holzplatzes nach und nach als Bauland verkaufen. So war er, als er sich den Fünfzigern näherte, ein geborgener Mann. Jetzt konnte er sich seinen Jugendtraum erfüllen: er fing zu malen an. Und er malte gar nicht schlecht, trotzdem er als Autodidakt begann. Als ihm ein Kunstverständiger einmal vorwarf, seinen Bildern fehle die Seele, antwortete er: „Bei mir liegt die Seele hinter der Leinewand."

Um die Jahrhundertwende war er auf Hiddensee gewesen, hatte auch einmal mit Gerhart Hauptmann in Vitte gewohnt. Er kehrte wieder und wurde zum Hiddensee-Enthusiasten in dem Maße, daß er sich auf der Insel ankaufte und in den Jahren 1903 und 1904 die „Lietzenburg" erbaute.

Oskar Kruse hat seinen Lebensabend auf Hiddensee zugebracht, hat viele Gäste um sich gesehen und mit seiner Gabe der Unterhaltung zu fesseln gewußt.

Es waren übrigens drei Geschwister Kruse: eine Schwester Anna, die gerade am Weihnachtsfest geboren war. Von ihr pflegte Oskar Kruse zu sagen: Deswegen wolle sie in rührender Liebe jedem Menschen sozusagen einen Weihnachtsbaum aufbauen.

Dann war da Max Kruse, der Bildhauer, in zweiter Ehe mit der Puppenkäthe verheiratet. Er war am Karfreitag geboren und hatte sein Leben lang etwas Düsteres, Ernstes, Wortkarges an sich. Über sich selbst fügte dann Kruse hinzu: „Und ich? Ich bin am Pfingsttage in die Welt eingetreten. Na, und der Geist!"

Gerhart Hauptmann

Der Schauplatz von „Gabriel Schillings Flucht" ist Hiddensee. Die Namen des Scherzspiels „Schluck und Jau" sind von Hiddenseer Fischern genommen. Auf der Insel hat Hauptmann große Teile der „Versunkenen Glocke" seiner späteren Frau Margarete Marschalk in die Feder diktiert. Hier hat er 1940 „Iphigenie in Delphi" in vier Wochen in einem Zuge fertiggeschrieben. Hier ist er schließlich heimisch geworden, als er 1929 das Haus „Seedorn" erwarb und sich ein wunderbares Arbeitszimmer bauen ließ, das nun wie ein Dornröschenschloß verborgen liegt. Und hier ruhen auf dem schlichten Inselfriedhof seine sterblichen Überreste. Gerhart Hauptmann und die von ihm so geliebte Insel Hiddensee sind nur in einem Atem zu nennen.

Am 29. Juli 1885 hat Hauptmann zum ersten Male Hiddenseer Boden betreten. Er befand sich zusammen mit seinem Bruder Carl und dessen Frau Martha geb. Thienemann sowie seinem Freunde Hugo Ernst Schmidt auf einer Rügenreise und hat dann wohl allein einen Abstecher nach Hiddensee gemacht, wo er in Kloster in dem alten Gasthofe von Schlieker wohnte. Diesem kurzen Aufenthalt verdankt das Gedicht „Mondscheinlerche" seine Entstehung.

Dann allerdings währte es elf Jahre, bis er die Insel wieder aufsuchte. Im Sommer 1896 weilte er in Vitte und wohnte in dem einfachen Gasthause von Freese, jetzt „Hotel zur Ostsee", in einem kleinen einfenstrigen Zimmer gleich rechts vom Hausflur. In diesem Zimmer diktierte er Margarete Marschalk große Teile seiner „Versunkenen Glocke". Damals habe ich, während ich mich als 21jähriger Student auf der Insel aufhielt, die beiden hin und wieder zusammen spazierengehen sehen. Er groß, schmal, mit durchgeistigtem Gesicht; sie an seiner Seite knabenhaft schlank, geschmeidig und elastisch, mit dem ganzen Liebreiz der Jugend und Schönheit. Ein Bild, das sich mir unvergeßlich eingeprägt hat, obwohl ich damals kaum etwas von der Bedeutung Hauptmanns wußte und nicht ahnen konnte, daß ich ihm später in langjähriger Freundschaft verbunden sein würde.

Es war jene Zeit, in der sich die Ehekrise Hauptmanns verschärfte und sich die Trennung von seiner ersten Frau Marie geb. Thienemann, der er später in seinen Werken so oft ein Denkmal der Liebe setzte, anbahnte. Auch 1897 bis 1899 verbrachte Hauptmann die Sommer auf Hiddensee. Im Jahre 1901 wohnte er mit seinen drei Söhnen Ivo, Eckart und Klaus in der Pension von Theodor Nehls in Vitte.

Dann trat eine längere Pause ein. Erst 1917 kehrte Hauptmann wieder nach Hiddensee zurück und kam dann fast Jahr für Jahr wieder, zunächst in die Lietzenburg des Malers Oskar Kruse, denn dieses geräumige Künstlerheim bot einen angemessenen Rahmen für die vielen Gäste, die ihn aufsuchten und die überhaupt nur um seinetwillen auf die Insel kamen. 1921 bezog er die erste Etage der Hotelpension Frau von Sydows „Haus am Meer", wo er einige Sommer wohnte, 1924 gleichzeitig mit Thomas Mann. Da er aber immer mehr nach Einsamkeit verlangte, mietete er schließlich das der Gemeinde Kloster gehörende Haus „Seedorn", bis er es als Eigentum erwarb und im Winter 1930/1931 durch den Architekten Arnulf Schelcher den Erweiterungsbau ausführen ließ, der in der Hauptsache ein gewaltiges Arbeitszimmer enthält und durch einen Kreuzgang mit dem alten Hause verbunden ist.

Dort hat Hauptmann alljährlich arbeitsreiche Sommerwochen verlebt, meist in den Monaten Juli bis September. Als er 1932 zur Goethefeier in Amerika war, besuchte er uns sogar zweimal, im Frühjahr gleich nach der Rückkehr aus Amerika, und im Laufe des Sommers noch einmal. Zum letzten Male weilte der Dichter 1943 auf der ihm mehr und mehr ans Herz gewachsenen Insel, damals schon ein von mancherlei Gebrechen geplagter Mann, obgleich geistig völlig frisch. Am 12. September dieses Jahres war er zum letzten Male im Gottesdienst, den er jeden Sommer einige Male besuchte, und nahm an der feierlichen Einweihung der neueingebauten Orgel teil. Dann kehrte er erst als ein toter Mann zurück, um auf dem stillen Inselfriedhof seine letzte Ruhestätte zu finden.

Das eigenartige, einmalige Antlitz, das die Welt auf Hiddensee trägt, hat Gerhart Hauptmann immer wieder angezogen. Felix Krause, der im ersten Jahrzehnt unseres Jahrhunderts fast alljährlich nach Hiddensee kam, hat einmal ein Bild gemalt, dem er den Namen „Ein blauer Tag auf Hiddensee" gab. Man blickt über die Salzweide südlich von Kloster auf die in der Ferne verschwimmende Silhouette von Vitte; darüber einige rosig beleuchtete Wolken und ein hoher, blauer Himmel. Ein Kritiker in der „Stralsundischen Zeitung" schrieb dazu: „Etwas weniger Himmel wäre uns lieber gewesen!" Aber gerade dieses hohe

Firmament, das besonders eindrucksvoll erscheint, wenn man von den Hügeln des Dornbusches nach Süden schaut, ist eine eigentümliche Schönheit von Hiddensee, die immer wieder von neuem ergreift, wie der Blick über die menschenleere Wasserfläche. Man kann den ganzen Zauber dieser Insel kaum besser wiedergeben, als es Hauptmann selber in „Gabriel Schillings Flucht" getan hat: „Diese Klarheit! Dieses stumme und mächtige Strömen des Lichts! Dazu die Freiheit des Wanderns über die pfadlose Grastafel. Dazu der Salzgeschmack auf den Lippen. Das geradezu bis zu Tränen erschütternde Brausen der See."

Gerhart Hauptmann brauchte, wie er seinen Freunden oft bekannt hat, den Ortswechsel für sein Schaffen. Spürte er, daß der Strom seines Geistes am Versiegen war, packte er seine Koffer und fuhr an einen anderen Ort. Und siehe da, die Quelle begann wieder zu sprudeln. So hatte sich im Laufe der Jahre ein gewisser Turnus herausgebildet, dem neben regelmäßigen Aufenthalten im Riesengebirge, im „Wiesenstein", der Winteraufenthalt in Italien und der Sommerbesuch auf Hiddensee das feste Rückgrat gaben.

Auch auf Hiddensee rollte sich Hauptmanns Tageslauf wie überall gleichmäßig ab. Frühmorgens zwischen sechs und sieben ging er an den Strand zum Baden, meist von seiner Gattin begleitet. Nach dem Frühstück ein langer Spaziergang durch den Wald oder über die Hügel, mit einem Notizbuch in der Hand, sein Produktivspaziergang, bei dem er meditierend das Nachmittagsdiktat überlegte. Nach dem Mittagessen ein langer Mittagsschlaf. Um 5 Uhr war Teestunde, wobei Hauptmann Kaffee trank, der seine Gedanken besser ins Rollen brachte. Dann arbeitete Hauptmann etwa zwei bis drei Stunden ununterbrochen. Unterdessen mußte absolute Ruhe im Hause herrschen. Gäste wurden nicht angenommen. Hauptmann hat seinen näheren Freunden oft gesagt, daß er bei seinen Arbeiten nur das Medium sei. Er befinde sich in einer Art Trancezustand, und es sei, als ob ihm ein anderer zuspräche, was er dann durch das Diktat weitergab. Jedenfalls ein phänomenales Walten der Phantasie, das den wirklichen Dichter kennzeichnet und ihn weit hinaushebt über die große Masse der „Schriftsteller".

Der Abend gehörte der Geselligkeit. Kaum ein Tag verging, an dem nicht des Abends Gäste bei Hauptmann versammelt waren. Dann wurde in dem kleinen intimen Raum vor dem Arbeitszimmer, in dem auch gegessen wurde, bei einem guten Glas Wein geplaudert. Die Weihe des Raums wurde durch ausgewählte Kunstwerke erhöht. In der einen Ecke stand auf einem hohen Postament eine Buddhastatue aus vergoldeter Bronze. An der Wand hing ein kostbarer persischer Figurenteppich. In der anderen Ecke sah man eine Arbeit des Stralsunder Gelbgießers Klingenberg, eine Ansicht der Stadt Stralsund. An dem runden Tisch hatte Frau Hauptmann ihren Stammplatz in einem hohen Ohrensessel. Ihr gegenüber saß der Hausherr. Und zwischen beiden standen auf jeder Seite nur noch zwei Stühle, weil meist nur ein kleiner Kreis von vier Gästen anwesend war; eine sehr glückliche Zahl, die ein zielloses Durcheinanderschwirren der Unterhaltung verbot, zumal alle auf das Wort des „Meisters" lauschten.

Das war die Stunde, in der Gerhart Hauptmann sein Herz öffnete und alle Höhen und Tiefen der Menschheitsgeschichte und des Geisteslebens durchmessen wurden. Ein köstlicher Genuß war es jedesmal, wenn Hauptmann aus seinem Leben oder über das Entstehen seiner Werke erzählte, oder gar in seiner dramatischen Vortragskunst aus irgendeinem noch unveröffentlichten Manuskript vorlas. Da Hauptmann gern einem guten Weine zusprach, dehnten sich diese Symposien oft bis weit nach Mitternacht aus und wurden bisweilen auch wohl einmal dionysisch übersteigert. Ich besinne mich noch auf einen Abend, an dem der schwedische Lautensänger Scholander zugegen war und Lieder sang. Hauptmann sagte wohl über diese Abende, er müsse auf diese Weise einen Schleier über den Tag ziehen, damit ihn die Gestalten desselben nicht noch im Traume bedrängten.

Ich rechne es zu dem Reichtum meines Lebens auf Hiddensee, daß ich mit Gerhart Hauptmann mehr als drei Jahrzehnte in

Freundschaft verbunden war. Wir waren jeden Sommer, den er auf unserer Insel verbrachte, mehrfach und ausgiebig zusammen, und als mich mein an der See erworbener Rheumatismus hin und wieder nach Warmbrunn führte, war ich regelmäßig einmal sein Gast auf dem Wiesenstein in Agnetendorf. So darf ich mir wohl ein Urteil über den Menschen und die Persönlichkeit erlauben. Über ihn als Dichter mögen Berufenere urteilen. Ich habe mich stets darauf beschränkt, mich an den Werken, die er dem deutschen Volke geschenkt hat, zu erfreuen.

Er war ein ungemein fleißiger Mann, fleißig im Aufnehmen und gleicherweise im Schaffen. Wie vieles hatte er gelesen! Und zwar mehrfach gelesen, mit dem Blaustift und dem Rotstift in der Hand! Auch auf religiösem und philosophischem Gebiet, bei Plato und den Kirchenvätern angefangen, von denen er besonders Augustin hochhielt, bis zu Luther und Harnack. Und er war – das mag manchem unwahrscheinlich klingen, aber es entspricht der Wahrheit –, er war ein durchaus bescheidener Mann. Gewiß durfte er sich seines Wertes bewußt sein, und das war er auch. Doch in wohltuendem Unterschiede zu allerlei jüngeren Literaten, die man auf Hiddensee erlebte, redete er wenig von seinen Werken und von dem, was er gerade vorhatte. Man unterhielt sich mit ihm ebenso zwanglos wie mit jedem anderen. Nur daß die Unterhaltung sehr bald auf ein hohes Niveau kam. Und endlich: er hatte eine herzliche und liebenswürdige Art des Umgangs an sich, an der nichts Gemachtes war. Es kam aus dem Innersten seiner Seele. Der Dichter des Mitleids hatte Verständnis für jedes Menschenleben.

Hauptmann hat lange im Streit der Meinungen gestanden, und dieser Streit ist noch nicht ganz ausgefochten. Das rührt im Grunde daher, daß Hauptmann so vielgestaltig in seinem Schaffen ist, ein wahrer Proteus. Eben waren „Die Weber" über die Bühne gegangen, und die Welt hob ihn als den größten Realisten auf den Schild, der sogar Ibsen weit hinter sich lasse, da erschien die Traumdichtung „Hanneles Himmelfahrt". Und so ist es mehrfach gegangen. Die geistigen Leistungen Hauptmanns lassen sich nicht auf einen Generalnenner bringen. Er paßte in kein Schubfach und hat keine ausgeprägte Manier. Realismus und bis zur innigsten Mystik gesteigerter Idealismus, das Erbteil seines Volksstammes, wohnen in seinem Geiste friedlich nebeneinander. So habe ich immer wieder Leute getroffen, die ihn um seiner Werke willen ablehnten. Doch jeder war noch bezaubert, der mit ihm in persönlichen Umgang kam. Jeder mußte schließlich bekennen: er ist ein Mann, den man liebhaben muß. Und das ist auch das Beste, was ich über ihn zu sagen weiß.

Am 6. Juni 1946 schlossen sich seine Augen für immer, diese Augen, die so freundlich blicken konnten, aus denen aber auch, wenn sie Schmach und Unrecht sahen, feurige Blitze schossen. Als wir die Nachricht von seinem Tode zuerst durch die Presse erfuhren, fragten wir uns, wo Gerhart Hauptmann seine letzte Ruhestätte finden würde. Auf seinem von ihm so geliebten Wiesenstein in Agnetendorf war es nach Lage der politischen Verhältnisse nicht möglich. Zudem hatte Hauptmann seinen Freunden oft gesagt: „Wenn ich nicht fürchten müßte, meine lieben Schlesier zu kränken, so möchte ich wohl auf diesem stillen Inselfriedhof meinen letzten Schlummer tun." Er dachte an Hiddensee. Und so ist es auch geworden. Es währte jedoch bis Ende Juli, ehe seine Leiche nach Stralsund überführt werden konnte.

Am 25. Juli traf der Sonderzug mit dem Sarge in Stralsund ein. Am Tage darauf kam Frau Hauptmann mit einem Schnellboot nach Hiddensee, um alles Nähere wegen der Beisetzung zu besprechen. Aus ihrer Umgebung wurde der Gedanke geäußert, daß man den Dichter vor den Fenstern seines Arbeitszimmers im Garten des Hauses Seedorn beerdigen solle. Dagegen erhoben sich jedoch schwerwiegende Bedenken. Und wenn Hauptmann auf der Insel seiner Sommeraufenthalte zur Ruhe kommen wollte, sei es am besten, ihn seinem Wunsche gemäß auf dem Friedhofe zum letzten Schlummer zu betten. Und so geschah es. Die Kirchgemeinde schenkte der Familie Hauptmann einen schönen und geräumigen Platz. Nachdem am 27. Juli im Löwenschen Saal des Stralsunder Rathauses in einem Festakt die Bedeutung Hauptmanns gewürdigt worden war, auf dem höchste Stellen der deutschen Verwaltung und der sowjetischen Kulturstelle sprachen, wurde der Sarg durch die dicht mit Menschen gefüllten Straßen gefahren und mit dem Sonderdampfer „Insel Hiddensee" nach Kloster gebracht. Hiddenseer Fischer trugen den Sarg vom Bollwerk bis ins Arbeitszimmer. Hiddenseer Fischer hielten auch die Ehrenwache in der Nacht am Sarge und trugen ihn am Morgen zum Friedhofe. An der Pforte des Friedhofes übernahmen deutsche Dichter den Sarg, brachten ihn in die Kirche und dann zum Grabe.

Es hat schwerlich jemals eine Beerdigung auf dieser einsamen Insel stattgefunden, bei der so viele Menschen zugegen waren. Die Kirche konnte die Menge nur zum kleinsten Teile fassen. Viele, viele standen vor der Kirchentüre und auf dem Friedhof. Auch die Funkreportage war zur Stelle sowie Pressevertreter mit Filmkameras. Eigentlich wollte Gerhart Hauptmann vor Sonnenaufgang beerdigt werden, wie einst sein Vater Robert Hauptmann. Die Photographen hatten aber am Tage vorher geltend gemacht, daß sie im Dämmern keine Aufnahmen machen könnten. So war gerade hinter den Bäumen von Grieben die Sonne emporgestiegen, als man den Sarg einsenkte.

Ich hielt meinem alten Freunde die Trauerrede über II. Korinther 12, Vers 4: „Ich kenne einen Menschen, der ward entzückt in das Paradies und hörte unaussprechliche Worte, welche kein Mensch sagen kann." Dieses waren die letzten Worte, die Hauptmann in dem Neuen Testament gelesen hatte, das er seit seiner Jugendzeit ständig bei sich führte. Er hatte zu der ihn pflegenden Schwester gesagt: „Wie schön dieses Wort vom Paradies! Streichen Sie das bitte rot an!"

Am Grabe verlas Otto Gebühr eine Ansprache, in der er Hauptmann dankte, daß er den Schauspielern große Rollen geschrieben hatte. Unser jetziger Präsident der Deutschen Demokratischen Republik, Wilhelm Pieck, feierte ihn in einem kurzen Nachruf als den Sozialrevolutionär. Alfons Steiniger rief ihm das Wort Goethes „Wanderers Sturmlied" nach, das Hauptmann seinem Erinnerungsbuche „Das Abenteuer meiner Jugend" vorangestellt hatte: „Wen du nicht verlässest, Genius!" Und im Namen der Hiddenseer sprach Kantor Berg herzliche Worte.

Frau Margarete Hauptmann trat als Letzte an die Gruft, streute aus einem Beutelchen Erde vom Wiesenstein über den Sarg und machte immer wieder das Zeichen des Kreuzes über der Gruft und warf dem im Sarge Schlummernden Handküsse zu, während das Grab allmählich gefüllt wurde. Sie hatte gebeten, daß sich alle Umstehenden entfernen möchten. Sie wollte allein sein mit den sterblichen Überresten des Mannes, dem ihr ganzes Leben gehört hatte, als dessen „Eigentum" sie sich in den Unterschriften ihrer Briefe an ihn bezeichnet hatte.

So ruht er nun auf unserem Friedhof. Die drei Wünsche, die er immer wieder seiner Umgebung eingeprägt hatte, sind erfüllt worden: eingehüllt ist er in die Mönchskutte, die er einmal in einem Franziskanerkloster in Santa Margharita erworben hatte. Unter seinem Haupte liegt ein Exemplar des „Großen Traumes", des Dichtwerkes, das ihn jahrzehntelang beschäftigte und ihm besonders lieb war, geschrieben in wundervollen Terzinen; wohl das größte Zeugnis seiner Sprachkunst nächst den herrlichen Ottaverimen der „Blauen Blume". Seine Hände sind gekreuzt über dem Neuen Testament, auf dessen erstes Blatt Hauptmann in späteren Jahren eintrug: „Dies Buch war mein ständiger Begleiter auf den Feldern von Lederose, als ich Landwirtschaft trieb, und ist Zeuge meines schweren religiösen Ringens gewesen vor mehr als 54 Jahren."

Es tauchte wohl der Gedanke auf, ob man diese Kostbarkeit nicht dem deutschen Volke erhalten sollte. Aber schließlich hat man sich doch dem strikt ausgesprochenen Wunsche des Dichters gebeugt. So ist dieses Büchlein mit ihm der Verwesung überantwortet worden.

Im Herbst 1949 wurde nach manchen Erwägungen über die Kennzeichnung der Grabstätte des Dichters zu Häupten des Grabhügels ein gewaltiger Granitblock aufgerichtet. In seiner Urtümlichkeit ist dieser Block ein treffendes Sinnbild der dichterischen Urkraft Hauptmanns. Die Studenten der sämtlichen Universitäten der Deutschen Demokratischen Republik rechnen es sich zur Ehre, die Kosten dieses Denkmals zu tragen.

Und zwei Jahre später, während derer zahllose Menschen in stummer Ehrfurcht vor diesem noch namenlosen Stein auf unserem kleinen, erhöhten Friedhof gestanden haben, der durch seine sauber geschnittenen Hecken ein würdiger Garten des Gedenkens an unsere Toten geworden ist, im Sommer 1951, wurde der Stein enthüllt. Hohe Würdenträger unserer Regierung, darunter der Vorsitzende der Staatlichen Kommission für Kunstangelegenheiten, Helmuth Holtzhauer, waren zugegen. Der in seiner Schlichtheit besonders eindrucksvolle Namenszug des Dichters wurde von Professor Preetorius gestaltet. Auch am „Hotel zur Ostsee" in Vitte, in dem der Dichter mehrere Sommer gewohnt hat, wurde eine Gedenktafel enthüllt. Diese Ehrung des großen Dichters geschah durch Volksbildungsminister Laabs. So zeigte das neue Deutschland, die Deutsche Demokratische Republik, daß ihr die Pflege des kulturellen Erbes unserer Vergangenheit keine museale Angelegenheit ist. Ein lebendiger Blutstrom geht von dem Toten auf unserer Insel über unsere Tage hinaus in die Zukunft, die sich ein neues, geeintes und friedvolles deutsches Volk aus eigenen Kräften bauen wird.

Zu Häupten des Grabes steht ein Tännchen, das Frau Hauptmann aus dem Park des Wiesenstein aus Agnetendorf mitgebracht hatte und das so eine Verbindung herstellt zwischen seinem von ihm so hochgeschätzten Wohnhaus und seinem letzten irdischen Hause. Der Hügel ist mit Efeu überwachsen; auch der Efeu hat seine Beziehung. Als Hauptmann zur Goethefeier in Amerika weilte, überreichte der Präsident der Washingtoner Universität, Herr Marvon, ihm am 8. März 1932 einen Ableger eines von Washington selbst gepflanzten Efeus. Diesen Ableger setzte Hauptmann an der Terrasse des Hauses Seedorn in Kloster ein und freute sich stets an seinem üppigen Gedeihen. Nun hat er die Ranken zum Bepflanzen des Grabes gegeben. So ist auch hier ein Band gesponnen zwischen Hauptmanns Lebensraum und seinem Todesraum.

Im Winter

Oft bin ich von unseren Gästen des Sommers gefragt worden: "Wie halten Sie es nur im Winter aus, wenn wir alle fort sind?" Diese Frage ist nicht unberechtigt, denn es liegen gleichsam Welten zwischen unserem Inselsommer und unserem Inselwinter. Im Winter stellt sich das Leben auf Hiddensee völlig um.

Es hat auch bei uns, wie auf manchen anderen, ähnlich abgelegenen Stätten unserer Heimat Einwohner gegeben, die dem Abzug der letzten Gäste mit einer gewissen Erleichterung nachschauen konnten und sich auf die Stille und Einsamkeit freuten, die dem bunten, bewegten Leben des Sommers folgte. Ihnen war noch nicht zum Bewußtsein gekommen, welch ein Reichtum unserer Insel geschenkt worden ist, nicht, daß sich einige wenige dessen erfreuten, sondern damit er allen zuteil wird, die danach verlangen. Und so soll uns gerade der stille Winter mehr und mehr zur Besinnung darauf bringen, wie wir Inselbewohner den Werktätigen, die jetzt der FDGB zu uns führt, die Schönheiten unserer Heimat nahezubringen vermögen. Wir stehen erst am Anfang dieser neuen Mission, die Hiddensee zu erfüllen hat. Neue Wege sind zu finden und zielbewußt zu gehen. Auch diesem kleinen Buch meiner Erinnerungen wurde der Wunsch mitgegeben, den Schaffenden aller Berufe die Augen für den eigenartigen, unvergleichlichen Reiz der Insel Hiddensee aufzutun und sie mit ihrer Geschichte, ihrem Wesen und ihren Merkwürdigkeiten vertraut zu machen, damit die Urlauber vollen Gewinn des Geistes und des Körpers aus ihren Sommerwochen in ihre Arbeit tragen.

Das eine bleibt allerdings für den, dem die Insel Hiddensee Heimat ist, bestehen: Die Schönheit der Insel tritt im Winter in einer ganz eigenen Weise heraus, so stark, daß sie mit den Härten unseres Winterlebens zu teuer nicht erkauft werden kann.

Wenn man diese überirdische Schönheit Hiddensees in Worte fassen will, gerät man in Verlegenheit. Das kann nur ein Dichter. Ich muß mich also darauf beschränken, zu erzählen, wie es hier im Winter aussieht, was der Winter uns zeigt. Wohlverstanden, der echte Winter, der mit grimmigen Gebärden Eis und Schnee um sich streut.

Äußerlich fällt am meisten die Abgeschlossenheit ins Auge, die sich je nach den Eisverhältnissen zu erheblichen Verkehrsschwierigkeiten steigern kann und bisweilen in völliger Isolierung endet.

Solange es möglich ist, fährt unser Dampfer. Doch wenn die Eisdecke zu stark wird, muß er seine Fahrten einstellen. Ehe es nun so weit gekommen ist, wird noch in Hast alles Nötige an Lebensmitteln aus Stralsund herbeigeschafft. Die Bäcker versorgen sich mit Mehl, die Kaufleute mit allem, was der Inselbewohner im Winter braucht. In früheren Zeiten, als wir noch keinen elektrischen Strom hatten, war es von höchster Bedeutung, für das erforderliche Petroleum zu sorgen und dieses frostfrei aufzubewahren. Die Fässer mit Petroleum wurden mangels ausreichender Kellerräume in der Erde vergraben. Wehe, wenn man sich mit der Länge des Winters verrechnet hatte und die Eisdecke nicht zur rechten Zeit weichen wollte. Dann mußte man mit den Hühnern zu Bett gehen. Doch wenn man dafür auch mit den Hühnern aufstand, glich es sich schließlich wieder aus.

Lange und harte Winter mit viel Eis und Schnee verleihen der Insel ein geradezu märchenhaftes Gepräge. Dann sieht das Auge von den Hügeln aus im Norden nichts als eine unabsehbare Eisfläche, die freilich nicht glatt und blinkend ist, sondern aus zusammengeschobenen Schollen besteht, die sich in der Nähe des Ufers zu Bergen bis zu zehn Meter Höhe auftürmen können. In dieser Eiswüste befinden sich hin und wieder offene Stellen, auf denen sich die Wasservögel tummeln. Man hört ihre Schreie, unter denen vor allem der melodische Ruf der Klashaniks, der nordischen Eisenten, wundersam ins Ohr klingt. Man könnte sich in eine Polarlandschaft versetzt meinen. Am Strande sind die Wogen oft zu bizarren Formen aufgefroren. Ich besinne mich auf einen Winter, in dem sich am Strande von Vitte diese erstarrten Wassermassen bis zu zwei Meter auftürmten. Ich sehe auch noch, als gegen den Frühling hin diese Gebilde noch immer nicht weichen wollten, den Gastwirt Ernst Freese, den Besitzer des „Hotels zur Ostsee", verzweifelt am Ufer stehen und ausrufen: „Wat sall bloß ut de Saison ward'n, wenn dit Is hier liggen bliewt!" Freese war sonst ein fröhlicher Mensch und um seiner Scherze willen bei jedermann beliebt. Aber hier war es ihm bitterer Ernst. Er beruhigte sich erst, als ich ihm klarmachte, daß diese winterlichen Gesellen der warmen Sonne kaum standhalten würden.

Ist der Bodden mit einer starken Eisdecke belegt, bietet sich eine Verkehrsmöglichkeit, die nicht ohne Romantik ist. Man kann über Eis nach Schaprode und vor allem nach Stralsund gelangen. Die Ausführung denkt sich der Binnenländer gewiß leicht. Man fährt eben geradewegs auf die Türme von Stralsund los, denn die kürzeste Verbindung zwischen zwei Punkten ist die Gerade. So hatten es in umgekehrter Richtung einst vor Jahrzehnten einige junge Kaufleute aus Stralsund getan, die auf Schlittschuhen in Neuendorf ankamen. Verwundert fragten die Fischer sie, auf welche Weise sie hergekommen wären. „Immer geradezu", lachten sie und wiesen auf den Gellenstrom. Sie waren recht verdutzt, als sie die Antwort erhielten: „Denn hett Gott Sei in Ehre Dummheit beschützt." Denn wenn man nicht riskieren will, plötzlich einzubrechen und elend zu ertrinken, muß man die Ströme meiden. Das Eis ist auf breitem, tiefem Wasser am sichersten. Auf den Schaaren und Untiefen ist es am dünnsten und taut dort im Frühjahr auch am ersten auf. Am gefährlichsten sind die Ströme, das heißt Stellen, an denen die Wasser eingeengt sind, wie zum Beispiel im Trog, der Fahrrinne zwischen Seehof und der Fährinsel. Dort fließt das Wasser schnell wie ein Strom und nagt das Eis von unten stetig ab. Da heißt es, vorsichtig zu sein. Vor vielen Jahrzehnten war ein Onkel des damaligen Gutspächters Luhde am Morgen über den Trog nach Schaprode gegangen; als er am Abend denselben Weg zurückkam, brach er im Trog ein und ertrank.

Nun machen wir einmal eine winterliche Schlittenfahrt von Kloster nach Stralsund. Wir müssen früh aufbrechen, da wir am selben Tage wieder heimwärts wollen. In der ersten Morgendämmerung, vielleicht um 7 Uhr, setzen wir uns in den Schlitten und hüllen uns gut in Decken und Fußsäcke ein, denn es ist kalt; sagen wir: minus zehn Grad. Solche kalten Tage sind zugleich auch die windstillen und infolgedessen auch die angenehmsten für eine Schlittenreise.

Ängstliche Gemüter werden durch die weiteren Vorbereitungen leicht gestört. Man sieht, daß die Pferde auch am Schwanze aufgezäumt sind. Das heißt, sie sind so angeschirrt, daß man sie gleichzeitig am Kopf und am Schwanz am Riemenwerk packen kann, um sie herausziehen zu können, falls sie eingebrochen sind. Wenn das Eis nicht mehr tragfähig ist, brechen nämlich zuerst die Pferde mit ihren scharfen Hufen ein. Ferner werden an den Seiten des Schlittens zwei lange, breite Bretter mit Stricken, deren man überhaupt mehrere mitnimmt, angebunden. Sie sind dazu bestimmt, über Spalten und Risse gelegt zu werden, auf die man unterwegs stoßen kann und die bisweilen bis zu einem Meter breit sind. Als Hauptausrüstungsgegenstand steht vorn vor dem Kutscher ein großer Schiffskompaß. Wenn Nebel oder gar Schneetreiben einsetzt, ist der Schlitten ebenso hilflos auf dem Eise wie ein Schiff ohne Kompaß auf dem Ozean. Auch der Proviant für die lange Fahrt ist bereits verstaut. So ist alles klar, und es geht los.

Ist das Eis nun ganz sicher – und das ist es, sobald mehrere Tage hintereinander zehn bis fünfzehn Grad Kälte geherrscht haben –, lenkt man die Pferde gleich auf Seehof zu, überquert also das Eis nördlich vom Strom. Bestehen aber Bedenken – und darin tut man lieber etwas zuviel als zuwenig –, fährt man über den Vitter Bodden auf die Fährinsel zu. Man kann sie entweder auf der Ostseite dicht unter Land oder westlich durch die Fährbeek passieren. Dann geht es von der Südkante der Fährinsel direkt auf den Schaproder Kirchturm zu, über den tiefen und sicheren Schaproder Bodden.

Auf alle Fälle nehmen wir noch einen Fährmann mit, der mit einem langen Piekhaken und einer Eisaxt vor dem zunächst im Schritt fahrenden Schlitten hergeht und hie und da ein Loch ins Eis schlägt, um seine Festigkeit zu prüfen. Kommt beim ersten Hieb schon Wasser, darf man an der Stelle nicht weiter. Wenn erst beim zweiten kräftigen Hieb Wasser kommt, kann man es wagen, die Stellen zu überfahren. Notfalls müssen einige Personen aussteigen, um den Schlitten leichter zu machen. Nun haben wir glücklich Schaprode erreicht. Jetzt geht es in glatter Fahrt unter Ummanz entlang. Dort sieht man als glutroten Ball die Sonne hinter dem Walde von Heide aufgehen. Etwas später trifft man Stralsunder und Neuendorfer Fischer beim Aalstechen. Wir müssen aufpassen, daß wir uns zwischen den Eislöchern durchwinden. Nach etwa drei Stunden, also etwas länger als der Dampfer fährt, ist Stralsund erreicht. Man steigt aus, trampelt sich die Füße warm, stärkt sich mit einem heißen Getränk und tritt nach Erledigung der Besorgungen wieder die Heimfahrt an. Nun senken sich die Schatten des Abends auf die Eisfläche nieder, und man muß scharf aufpassen. Froh kommen wir zu Hause an, nach einem Erlebnis, das man so leicht nicht wieder vergißt.

Verwickelter wird der Verkehr bei starken Schneefällen. Solange der Schnee mäßig hoch liegt und solange vor allem keine Stürme und Schneeverwehungen eintreten, geht es an. Da kann man in sausender Fahrt von einigen Stunden von seiner Haustür im Schlitten bis zum Bahnhof von Bergen fahren. Dort hat man Anschluß an den D-Zug nach Berlin und damit den Anschluß an die große Welt. Doch wenn sich Schneeschanzen bilden, geht der Kleinbahn sehr bald die Puste aus, und sie bleibt jämmerlich im Schnee stecken. Tagelang gibt es dann keine Post. Das kann man nur mit der Ruhe des Weisen entgegennehmen. Ganz schlimm wird es aber erst, wenn „terbroken Fähr" eintritt, das heißt, wenn das Eis nicht mehr trägt und auch nicht bricht, so daß die Fährleute nicht mehr durcheisen können. Dann kann es geschehen, daß man zwei bis drei Tage in Trent oder Schaprode sitzen muß, bis eine Fährverbindung wieder möglich ist. Ein solcher Zustand ist bedenklich, und man hat Grund, zu bitten, daß ja niemand plötzlich ins Krankenhaus muß. Denn dann ist guter Rat teuer.

Es schließt uns also im Winter die Einsamkeit ein. Früher war es auch sommers ebenso einsam auf der Insel, selbst noch in den achtziger und neunziger Jahren des letzten Jahrhunderts. Da erzählte einmal der Pastor Martin Wilde, der 1886 bis 1896 Pfarrer von Hiddensee war, mittags seiner jungen Frau: „Heute vormittag ist hier am Pfarrhause ein fremder Herr vorbeigegangen." Er bekam die vorwurfsvolle Antwort: „Und da hast du mich nicht gerufen?" Wenn der Pastor heutzutage im Sommer jedesmal seine Frau rufen wollte, sobald ein fremder Herr am Pfarrhause vorbeigeht, würde er sich einer anderen Beschäftigung kaum noch widmen können.

Ich fragte vor einiger Zeit einen armen Umsiedler, der mit seiner Frau an einer ganz entlegenen Stelle in einer Hütte lebte, wie er diese von allen Menschen entfernte Lage ertrüge. Da antwortete der Mann, indem er die Arme ausbreitete: „Hier ist Gott selbst." Ich habe niemals ein Wort gehört, das so treffend die Stimmung wiedergibt, die uns angesichts des unendlichen Meeres oder der einsamen Heide überkommt. Man braucht nicht durchaus im Winter nach Hiddensee zu reisen, um dieses Eindrucks teilhaftig zu werden. Es gibt auch im Sommer einsame Stellen genug, die fern vom Badebetrieb bleiben. Doch im Winter, wenn die Insel von Eis umstarrt ist und wie weltfremd daliegt, ist dieser Eindruck oftmals so übergewaltig, daß man in die Knie sinken möchte und ebenfalls sagen: „Hier ist Gott selbst."

Quellennachweis

1 Johann Jacob Grümbke: Neue und genaue geographisch-statistisch-historische Darstellungen von der Insel und dem Fürstenthume Rügen. II. Berlin 1819, S. 21f.
2 W[ilhelm] Petzsch: Neue kaiserzeitliche Funde aus Neuvorpommern und Rügen. I. Fund von Hiddensee. In: Mitteilungen aus der Sammlung väterländischer Altertümer der Universität Greifswald. Hg. v. W[ilhelm] Petzsch. Bd. 4. Neue Funde aus der Steinzeit, Eisenzeit und römischen Kaiserzeit Vorpommerns. Greifswald 1930, S. 54.
3 Rudolf Baier: Die vorgeschichtlichen Alterthümer des Provinzial-Museums für Neuvorpommern und Rügen. Stralsund 1880, S. 38f.
4 H[ermann] Hoogeweg: Die Stifter und Klöster der Provinz Pommern. II. Stettin 1925, S. 54.
5 Ernst Heinrich Wackenroder: Altes und Neues Rügen. [Greifswald 1730], S. 347.
6 Alfred Haas: Die Insel Hiddensee. Stralsund 1896, S. 15.
7 H[ermann] Hoogeweg: a. a. O., S. 53.
8 Alfred Haas: a. a. O., S. 14.
9 H[ermann] Hoogeweg: a. a. O., S. 66.
10 Johann Jacob Grümbke (Indigena): Streifzüge durch das Rügenland. Altona 1805, S. 86.
11 Johann Jacob Grümbke (Indigena): a. a. O., S. 80.
12 H[ermann] Hoogeweg: Die Stifter und Klöster der Provinz Pommern. I. Stettin 1924, S. 95.
13 Ernst Heinrich Wackenroder: a. a. O., S. 346.
14 [Johann Hermann Friedrich] Kirchner: Die Insel Hiddensee. In: Sundine. Stralsund. Beilage Nr. 37 v. 26. Juni 1833, S. 145.
15 Ernst Heinrich Wackenroder: a. a. O., S. 346.
16 Johann Friedrich Zöllner: Reise durch Pommern nach der Insel Rügen und einem Theile des Herzogthums Mecklenburg, im Jahre 1795. Berlin 1797, S. 194.
17 Johann Friedrich Zöllner: a. a. O., S. 325f.
18 Richard Marsson: Aus der Schwedenzeit von Stralsund. v. Olthof und Giese. Stralsund 1928. (Veröffentlichungen der Stadtbibliothek und des Archivs zu Stralsund. II.) Ders.: Die Stralsunder Fayencefabrik 1757 – 1790. Berlin 1928. (Veröffentlichungen des Stralsunder Heimatmuseums für Neuvorpommern und Rügen. I.) Christ. R. Gellentien: Auszüge aus den Jahrgängen 1764 – 1792 der Stralsunder Zeitung betreffend die alte Giese'sche Fayence-Fabrik in Stralsund. Berlin 1889.
19 Johann Friedrich Zöllner: a. a. O., S. 345.

20 Johann Jacob Grümbke (Indigena): a. a. O., S. 85.
21 Ernst Moritz Arndt: Versuch einer Geschichte der Leibeigenschaft in Pommern und Rügen. Berlin 1803, S. 195f.
22 Johann Jacob Grümbke: Neue und genaue geographisch-statistisch-historische Darstellungen von der Insel und dem Fürstenthume Rügen. II. Berlin 1819, S. 29.
23 Johann Jacob Grümbke (Indigena): Streifzüge durch das Rügenland. Altona 1805, S. 79ff.
24 [Johann Hermann Friedrich] Kirchner: a. a. O.
25 Ebd.
26 Johannes Elbert: Über die Standfestigkeit des Leuchtturms auf Hiddensee. X. Jahresbericht der Geographischen Gesellschaft zu Greifswald. Greifswald 1906, S. 28-42.
27 [Johann Hermann Friedrich] Kirchner: a. a. O., S. 145f.

Vorwort der Herausgeberin Käthe Miethe (1952/1956)*

Die Insel Hiddensee ist für uns ein ebenso fester Begriff geworden wie das Fischland. Sie hat sich in gleicher Weise ein eigenes Gesicht bewahrt, einen Menschenschlag von besonderer Prägung geschaffen und gewiß nicht weniger Liebe ausgelöst und empfangen als die schmale Halbinsel südlich vom Darß. Das hat mich bewogen, die Herausgabe dieses Heimatbuches zu übernehmen, das von einer in höchstem Maße berufenen Feder geschrieben worden ist.

Während ich das Manuskript durcharbeitete, dann auf die Insel Hiddensee fuhr, mich mit dem Verfasser über die Anordnung des Stoffes besprach und ihm einige Anregungen geben durfte, wurde mir die innere Verwandtschaft erst so recht bewußt, die zwischen diesen beiden Kleinodien unserer Ostseeküste besteht. Viel Schicksal ist ihnen gemeinsam zuteil geworden. Beide liegen wie Bollwerke offen dem Meer zugewandt und haben die Aufgabe zu erfüllen, kostbares Hinterland zu schützen. Ohne die Brustwehr Hiddensees würde Rügen nicht mehr in der heutigen Gestalt bestehen. Die Menschen des Fischlandes genauso wie die Menschen auf Hiddensee sind eigenwillig, heimatstolz und durch ihre abgeschlossene Lage von früh an in dem Bewußtsein erzogen, daß einer unentrinnbar auf den anderen angewiesen ist. Sie leben in einer vorbildlichen Gemeinsamkeit. Und beide, die Hiddenseer wie die Fischländer, haben seit einem halben Jahrhundert gastlich ihre Häuser den erholungsuchenden Städtern aufgetan.

So möge auch dieses Buch, wie das Heimatbuch Fischland, seinen Weg gehen, zu den Menschen auf Hiddensee, um sie in ihrer Heimatliebe zu stärken, zu den ungezählten namenlosen Deutschen, die diese Insel liebgewonnen haben, und zu den neuen Gästen aus allen Kreisen der werktätigen Bevölkerung, denen der FDGB jetzt dieses Kleinod an der Ostseeküste erschlossen hat.

---

* Die Überschrift des mit *Käthe Miethe* unterzeichneten Vorworts lautet in den Hinstorff-Auflagen: *Vorwort des Herausgebers*.

„Unechte Töne"
Ein Heimatbuch und die Zensur

Nachwort des Herausgebers

> *Jedes einzelne Buch war ein Abenteuer,*
> *das Zentrum einer komplizierten,*
> *für die Betroffenen oft nervenaufreibenden*
> *und langen Geschichte.*
> S. Barck, M. Langermann, S. Lokatis[1]

Arnold Gustavs verdankt die Anregung, ein Heimatbuch über Hiddensee zu schreiben, dem ehemaligen Direktor des Kulturhistorischen Museums Stralsund Fritz Adler, der dann auch bei der Verwirklichung dieses Vorhabens am tatkräftigsten half.[2] Gustavs hat das in seinem Buch würdigen wollen. Im Manuskript des Eingangskapitels heißt es:

Dass[3] dies Buch geschrieben ist, bleibt das Verdienst von Dr. Adler, dem Leiter des Stralsunder Heimatmuseums. Dr. Adler hat mich seit Jahren ermuntert, eine Heimatkunde Hiddensees zu verfassen; ich wisse noch so manches, was mit mir zu Grunde gehen würde. Nachdem mir der Ruhestand die nötige Muße bot, habe ich das Werk in Angriff genommen. Auch dass ich das Buch s o schreiben konnte, wie es geworden ist, danke ich

---

1 Simone Barck, Martina Langermann, Siegfried Lokatis: *„Jedes Buch ein Abenteuer". Zensur-System und literarische Öffentlichkeiten in der DDR bis Ende der sechziger Jahre.* 2. Aufl. Akademie Verlag Berlin 1998, S. 15.

2 Gustavs nahm dieses Projekt bereits im Oktober 1948 – dem Monat seiner Emeritierung – in Angriff. Adler schickte damals sein 1936 in Greifswald erschienenes Buch *Mönchgut. Das Bild einer Volkskultur auf Rügen* an Gustavs für dessen geplante Hiddensee-Arbeit, wie es in einem Begleitbrief heißt. Adler fügt hinzu: *Ich würde mich freuen, wenn Sie aus demselben manche Anregungen in Ihrer Arbeit aufnehmen könnten.* Fritz Adler an Arnold Gustavs 18.10.1948. Slg. Gustavs.

3 Alle hier wiedergegebenen Quellen sind in ihrer ursprünglichen Rechtschreibung und Interpunktion zitiert und sprachlich nicht geglättet. Offensichtliche Schreib- und Tippfehler sind berichtigt.

Dr. Adler, der mir in entgegenkommendster Weise die Schätze des Stadtarchivs zur Verfügung gestellt hat.[4]

Der Passus wurde jedoch nicht in das Buch aufgenommen, sondern auf die unpersönliche Parenthese *die Schätze des Stadtarchivs zu Stralsund sind mir in entgegenkommendster Weise zur Verfügung gestellt worden* zusammengestrichen.[5] Grund war, daß Adler Ende 1950 mit seiner Frau in den Westen ging.[6] Ein Jahr zuvor hatte sich Adler an das Amt für Handel und Versorgung beim Rat des Kreises Stralsund gewandt und für Gustavs eine Art Antrag auf Fördermittel gestellt, die – den Zeitumständen entsprechend – gleichsam in Naturalien gewährt werden sollten:

Der in Kloster auf Hiddensee jetzt im Ruhestand lebende Pastor Arnold G u s t a v s , geb. am 7. Januar 1875 in Neuenkirchen bei Greifswald, ist vom Stralsundischen Museum beauftragt,[7] *eine Geschichte und eine Volkskulturgeschichte der Insel Hiddensee zu schreiben. Pastor Gustavs ist seit 1903 auf der Insel ansässig und daher die einzig kompetente Persönlichkeit, welche für die Bearbeitung, dieses für die Heimatkunde wichtigen Themas, in Frage kommt. Die Arbeit wird ihn ein bis zwei Jahre in Anspruch nehmen.*

Ich bitte, ihm auf Grund dieser im Allgemeininteresse liegenden Forschungsarbeit die Lebensmittelkarte II zu geben.[8]

Ob dem Antrag stattgegeben wurde, ist nicht überliefert.[9]

---

4 Ms „An meine Leser", S. 1f. Slg. Gustavs.
5 Aufl. 1956/2009, S. 11.
6 Stadtarchiv Stralsund Adl 53.
7 Hierbei handelt es sich offensichtlich nicht um einen förmlichen Arbeitsauftrag. In dem S. 189ff. wiedergegebenen Beitrag über Peter E. Erichson schreibt Gustavs mit Bezug auf sein Hiddensee-Buch: *Es war keine bestellte Arbeit.*
8 Fritz Adler an Rat des Kreises Stralsund, Amt für Handel und Versorgung, 28.10.1949. Durchschlag. Slg. Gustavs.
9 Zur „Förderung" der Schriftsteller in den ersten Jahren der DDR vgl. S. 195.

Die „Durchbringung" des Werkes

Ende 1949 nahm Arnold Gustavs Verbindung mit Käthe Miethe auf – er bat sie um ein Exemplar ihres im gleichen Jahr erschienenen und bald vergriffenen Heimatbuches „Das Fischland"[10] sowie um Auskünfte über Bauernhäuser auf dem Fischland.[11] Käthe Miethe antwortet: *Ihre Arbeiten und Pläne interessieren mich sehr, da sie auch in meine Richtung gehen.*[12] Zwei Monate später schreibt sie:

Dass Ihr Heimatbuch gut voran geht, freut mich sehr, es wäre so schön, wenn von unserem Küstenstrich eine ganze Reihe guter Bücher herauskommen würden und somit eine neue Form der bisher so überalterten und unleserlichen Heimatliteratur geschaffen würde.[13]

Da Käthe Miethe neben ihrer schriftstellerischen Tätigkeit als Lektorin für den Rostocker Carl Hinstorff Verlag arbeitete, in dem auch ihr Fischland-Buch erschienen war, ergab es sich, daß Arnold Gustavs in Verbindung mit dem Hinstorff Verlag kam, bei dem er dann im Spätsommer 1950 das Manuskript seines Hiddensee-Buches einreichte. Der Inhaber des damals noch privaten Verlages, Peter E. Erichson[14], beauftragte kurz darauf

---

10 Käthe Miethe: *Das Fischland. Ein Heimatbuch.* Mit Zeichnungen von Fritz Koch-Gotha. Carl Hinstorff Verlag Rostock 1949.

11 Das geht aus einem Antwortschreiben Käthe Miethes vom 14.12.1949 hervor, aus dem im folgenden Satz zitiert wird. Briefe von Arnold Gustavs an Käthe Miethe sind nicht erhalten.

12 Käthe Miethe an Arnold Gustavs 14.12.1949. Slg. Gustavs.

13 Käthe Miethe an Arnold Gustavs 18.2.1950. Slg. Gustavs.

14 Der Verleger Peter E. Erichson hatte den von ihm 1907 erworbenen Rostocker Carl Hinstorff Verlag nach dem Krieg noch bis 1959 als privates Unternehmen geleitet. Danach wurde der Verlag volkseigen und hieß bis zum Ende der DDR VEB Hinstorff Verlag Rostock. Zu seinem Nachfolger als Leiter des in Volkseigentum überführten – so der damalige Sprachgebrauch – Verlages hatte Erichson Konrad Reich bestimmt. Vgl. Reinhard Rösler: *Autoren, Debatten, Institutionen. Literarisches Leben in Mecklenburg-Vorpommern 1945 bis 1952.* (= *Mecklenburger Profile.* Schriftenreihe, hg. v. Wolfgang Bentin, Bd. 5). von Bockel Verlag Hamburg 2003, S. 156-165.

seine Lektorin Käthe Miethe mit der Betreuung des Buches. Diese schrieb im September 1950 an Gustavs, wenige Tage vor der Übergabe des Manuskripts an den Verleger:

Aber es scheint heute so, als wären Heimatbücher eine besonders glückliche Sache. Vor kurzem noch erschien in der „Täglichen Rundschau" eine Artikelserie über FDGB-Urlauber und unsere Erholungsstätten, und dort wurde die Schaffung von heimatkundlicher Literatur, an der sich die Urlauber belehren und einführen können, geradezu als Forderung erhoben.[15] *Ueber den Verlag Hinstorff und Herrn Erichson, mit dem ich seit vielen Jahren freundschaftlich verbunden bin, kann ich*

---

15 Käthe Miethe bezieht sich hier auf den Beitrag von Walther Pollatschek *Usedom – Strand der Werktätigen. Reportage über die Kulturarbeit in den Erholungsstätten des FDGB*, der in drei Folgen am 9., 10. und 11. August 1950 in der Berliner „Täglichen Rundschau" erschien und in dessen Schlußteil es heißt: *Ständig wird nach Literatur über die Insel Usedom gefragt; sie existiert nur in geringem Maße. Hier zeigt sich eine wichtige und dankbare Aufgabe für unsere Autoren: historische und kulturhistorische Werke über alle jene Gegenden zu schreiben, in denen sich Erholungsheime der Werktätigen befinden.* (S. 4). Als es Ende 1952 um die Planung einer weiteren Auflage von Gustavs' Hiddensee-Buch ging, klagte Käthe Miethe dem Autor, die *Papierlage* scheine *leicht katastrophal* zu sein, um dann doch festzustellen: *Immerhin haben wohl Heimatbücher noch eine verhältnismässig bedeutende Aussicht auf nicht zu knappe Bewilligungen* [von Papier – OG]. (Käthe Miethe an Arnold Gustavs 19.12.1952. Slg. Gustavs). In einem Brief Käthe Miethes vom Februar des folgenden Jahres heißt es: *Sonst sind ja die Tage nicht ohne Sorgen, alles, was mit unserem Beruf zusammenhängt, wird immer schwieriger, von den Mühen der Herstellung gar nicht zu reden, die auch immer dornenvoller werden. Es ist nur ein grosses Glück, dass amtlicherseits für Heimatliteratur doch viel Verständnis gezeigt wird [...].* (Käthe Miethe an Arnold Gustavs 2.2.1953. Slg. Gustavs). Nach Simone Barck war allerdings das Ernstnehmen der Bedürfnisse der Bevölkerung nach „heimatkundlicher Literatur" erst eine literaturpolitische Lehre nach dem 17. Juni 1953. (Simone Barck, Siegfried Lokatis: *Zensurspiele. Heimliche Literaturgeschichten aus der DDR*. Mitteldeutscher Verlag Halle 2008, S. 89). Entsprechend äußert sich Siegfried Lokatis: *Den Aufbau des Sozialismus hatte man nach dem 17. Juni 1953 ausgesetzt, und zu den Konzessionen des „Neuen Kurses" gehörte die Förderung der bislang unterdrückten Heimatliteratur*. (Ebd., S. 94). Als man sich 1954 im „Amt für Literatur und Verlagswesen" mit der Herausgabe von „Heimatliteratur" zu beschäftigen begann, wurde die „belletristische Heimatliteratur" dem Hinstorff Verlag zugewiesen. (Vgl. Siegfried Lokatis in: Simone Barck, Martina Langermann, Siegfried Lokatis, a. a. O., S. 38).

Ihnen nur sagen, dass Sie in die besten Hände kommen. Der Verlag ist seit Jahrzehnten ausgesprochen am Heimatbuch interessiert, hat auf diesem Gebiet Grosses geleistet und hat immer wieder gezeigt, dass er die enormen Schwierigkeiten, die heute mit der Herstellung jedes Buches verbunden sind, immer wieder glücklich zu meistern versteht.[16]

Im Oktober 1950 schreibt Käthe Miethe in einem ausführlichen Brief an Gustavs, wie sie zu dessen Manuskript steht und wie sie ihre Arbeit als Lektorin sieht:

Mein Verleger Herr Erichson hat mir Ihr Hiddensee-Manuskript übergeben. Ich habe es mit grosser Freude gelesen und setze mich dafür aus ganzem Herzen ein. Welch eine Fülle von interessantem und wichtigem Material[17] *allein ist darin verarbeitet. Ich hatte vorher doch keine rechte Vorstellung davon, wie ergiebig in heimatkundlichem Sinne Ihre Insel ist! Ich habe die Arbeit erst einmal gelesen, werde sie natürlich als Lektor noch mehrere Male ganz genau durchgehen, aber ich bekam schon beim ersten Lesen einige Gedanken und Anregungen, die ich Ihnen gern vortragen möchte, damit wir dieses Buch in bester – ich darf wohl sagen: – in einmaliger Form herausbringen können.*

Wir brauchen unerlässlich noch einen Abschnitt über Gerhart Hauptmann. Ein Hiddensee-Buch ohne diesen Mann würde der Leser – und das ganz mit recht – als unvollständig ansehen, einerlei, wie die Einstellung Hauptmanns zu den Hiddenseern und umgekehrt gewesen ist. Ich hörte von Peter Erichson, dass es hier nicht so ganz glatt gegangen wäre. Dann sollte man auch das meiner Meinung nach ruhig in einer entsprechenden Form sagen. Ich weiss von meinem Fischlandbuch, wie sehr gerade das Persönliche den Leser anspricht und erfreut. Ja, er hungert geradezu nach menschlichen Dingen. Ich hatte nicht das Glück,

---

16 Käthe Miethe an Arnold Gustavs 2.9.1950. Slg. Gustavs.
17 Verbessert aus: *von interessantem und wichtigen Materials.*

durch eine Persönlichkeit von solch einem Rang und solch einer scharfen Profilierung die Verbindung vom Fischland zur übrigen Welt, zur Gegenwart aller deutschen Menschen schlagen zu können. Hier aber ist nicht nur diese Möglichkeit gegeben, es ergibt sich auch die wesentliche Aufgabe, zum Bilde Hauptmanns, eines der wenigen grossen deutschen Dichter unserer Zeit, Wichtiges beizutragen, Züge und Erlebnisse festzuhalten, die bisher nur Ihr ganz persönlicher Besitz gewesen sind. Und es scheint mir eine besondere Aufgabe unserer Generationen, unser Wissen und unser Erlebtes in die Zukunft hinüberzutragen und jeder auf seinem Feld zu der Kontinuierlichkeit des Geistes beizutragen, von der Burckhardt einmal schreibt.[18] *Ich bilde mir ein – könnte mich aber gut irren – als hätte dieser rothaarige Hans von Hülsen*[19] *einmal etwas über Hauptmann und Hiddensee veröffentlicht. Und wieviele Menschen, deren Name uns heute noch etwas sagt, sind wohl durch Hauptmann nach Hiddensee gekommen! Sie nennen einmal Kruse-Lietzenburg, dessen Name mich schon durch meine Kindheit begleitete. Ist von*

---

18 Vgl. Jakob Burckhardt: *Weltgeschichtliche Betrachtungen. Historische Fragmente aus dem Nachlaß.* Hg. v. Albert Oeri und Emil Dürr. Deutsche Verlags-Anstalt Stuttgart, Berlin und Leipzig 1929, S. 206: *Die allergerechtesten Klagen jedoch, welche man, wie es scheint, gegen das Schicksal sollte erheben dürfen, beziehen sich auf den Untergang hoher Werke der Kunst und Dichtung. Auf das Wissen des Altertums, auf die Bibliotheken von Pergamus [!] und Alexandrien würden wir am Ende noch verzichten; das neuere Wissen ist erdrückend genug; allein die untergegangenen Dichter höchsten Ranges erfüllen uns mit Jammer, und auch an den Historikern haben wir unersetzliche Verluste erlitten, weil die Kontinuität der geistigen Erinnerungen auf große, wichtige Strecken fragmentarisch geworden ist. Diese Kontinuität ist aber ein wesentliches Interesse unseres Menschendaseins und ein metaphysischer Beweis für die Bedeutung seiner Dauer; denn ob Zusammenhang des Geistigen auch ohne unser Wissen davon vorhanden wäre, in einem Organ, das wir nicht kennen, das wissen wir nicht und können uns jedenfalls keine Vorstellung davon machen, müssen also dringend wünschen, daß das Bewußtsein jenes Zusammenhanges in uns lebe.*

19 Gemeint ist offensichtlich Hans von Hülsens 1947 im Bernhard Funck Verlag München erschienenes Buch *Freundschaft mit einem Genius. Erinnerungen an Gerhart Hauptmann.*

seiner Käthe[20] nicht noch manches Nette zu berichten? Und wer mag sonst noch Ihren Weg gekreuzt haben? Wir könnten dem vorliegenden Manuskript durch noch weitere menschlich-persönliche Aufzeichnungen gewiss einen unabschätzbaren Wert geben. Wollen Sie diese Anregung nicht ein bisschen aufnehmen? Ich kann mir denken, – ich weiss das aus eigener Erfahrung – dass man oft erst locker und freimütig in seinem Schreiben wird, wenn die Arbeit abgeschlossen und aus den Händen fortgegangen war. Man sieht schon jetzt, wie die noch nicht einmal umfangreichen persönlichen Beiträge zu Hiddensee das Ganze durchbluten und mit Wärme erfüllen. Ich habe mich immer wieder gefragt, warum mein kleines Fischland-Buch solch ein nachhaltiger Erfolg geworden ist – es kommen noch immer Briefe vom Erdball, und der Sommer brachte ungezählte Besucher – mitunter sehr beschämend für den Autor um der Dankbarkeit willen, die diese kleine Sache ausgelöst hat – mir ist mehr und mehr klar geworden, dass viel an dem unbefangenen persönlichen Beitrag liegt, den mein Buch mitbekommen hat. Die Menschen hungern heute unter den vielen sie umtösenden Worten, die sich längst aus der Lebensverbindung gelöst haben, nach dem lebendigen Strom von Mensch zu Mensch.

Ich freue mich, dass Ihre Arbeit durch meine Hände gehen darf, und bitte Sie herzlich, meine Anregungen freundlich zu bedenken. Ich werde mich wohl Ende November persönlich einmal bei Ihnen vorstellen, um dann die Einfügung der „Zugaben" zu besprechen.[21]

Käthe Miethe hat dann Anfang November 1950 ihren Autor auf Hiddensee besucht.[22] Im März 1951 erläutert sie dem ungeduldig

---

20 Käthe Kruse, bekannt durch ihre Puppen, war die zweite Ehefrau des Bildhauers Max Kruse, dessen älterer Bruder Oskar sich 1904/1905 die Lietzenburg in Kloster errichten ließ, die nach Oskar Kruses Tod 1919 in Max Kruses Besitz überging.
21 Käthe Miethe an Arnold Gustavs 8.10.1950. Slg. Gustavs.
22 Vgl. Käthe Miethe an Arnold Gustavs 24.10. und 8.11.1950. Slg. Gustavs.

wartenden Gustavs das Prozedere des Druckgenehmigungsverfahrens:

> *Wohl ist Herr Erichson in Berlin gewesen, es ist sogar der massgebliche Herr des Kulturellen Beirats inzwischen bei mir auf dem Fischland gewesen, aber Ihre Arbeit geht ja noch durch die verschiedenen Lektoren, von denen, so weit wir wissen, Urteile noch nicht vorgelegt sind, dann kommt sie vor die Kommission, die an Hand dieser Urteile die Entscheidung fällt, und das dauert – das dauert für uns Autoren immer unbegreiflich lange, aber es geht leider nicht nach uns. [...] Man kann gewiss annehmen, dass der Beirat sein Bestes tut, aber es wird zu viel Manuskriptmaterial sein, und allen Entscheidungen gehen endlose Debatten voraus, so ungefähr kann ich es mir denken.*[23]

Käthe Miethe schildert hier dem ahnungslosen Pastor emeritus die Praxis des 1946 von der sowjetischen Militäradministration als *Zensurgremium* eingesetzten „Kulturellen Beirats für das Verlagswesen", der *Keimzelle der staatlichen Zensur* in der späteren DDR.[24] Dieser „Kulturelle Beirat" war *mit seinen ehrenamtlichen Gremien für langwierige Prozeduren berüchtigt.*[25]

Im April 1951 teilt Erichson Gustavs mit, daß er in Berlin gewesen sei und *unser Buch zu neun Zehntel genehmigt erhalten* habe. Er müsse *nur noch einmal zwei Kapitel genau durchsehen, um dann die letzten Vorschläge zu machen,* wonach mit dem Satz und Druck sofort begonnen werden solle. Er hoffe, *daß wir*

---

23 Käthe Miethe an Arnold Gustavs 18.3.1951. Slg. Gustavs.
24 Vgl. Siegfried Lokatis in: Simone Barck, Martina Langermann, Siegfried Lokatis, a. a. O., S. 21f.
25 Ebd., S. 27.

nunmehr auf dem richtigen Wege zur weiteren Entwickelung des Buches sind.[26] Im Juli 1951 schreibt Erichson an Gustavs:

> *das alte Wort: „Viele Köche verderben den Brei" bewahrheitet sich auch an unserem Buch über die Insel Hiddensee. Als ich das Manuskript in Berlin vorlegte und nach einiger Zeit dann meine Erkundigungen trieb, wurden mir aus allen Ecken sogenannte „Bereicherungen" des Manuskriptes angeboten. Es waren für mich keine leichten Stunden, hier alle gutgemeinten Dinge höflich aber bestimmt abzulehnen; jeder, der einmal die Insel besucht hatte und das sind (in diesem Falle leider) sehr viele, wußte es besser und wollte seinen Klecks auch noch dazu tun.*
>
> *Nun, Käthe Miethe und ich haben uns tapfer gewehrt, so daß an Ihrem Manuskript wohl etwas redaktionell, aber am Grundton, um dessen Bestehen Sie mich einige Male baten, nichts geändert worden ist. Es ist Ihr Manuskript geblieben. Das glaube ich nach großen Schwierigkeiten erreicht zu haben. –*
>
> *Aber da war noch die Illustrationsfrage. Man forderte Fotos (weil auch hier wieder die verschiedensten Besucher der Insel solche Dinge gemacht hatten und nun glaubten, diese los zu werden). Der Höhepunkt war: Hauptmann im Sarge, eingehüllt in seiner Mönchskutte. – Nun, auch dazu habe ich mich scharf geäußert. Dann legte ich die Arbeiten Ihres Sohnes vor, die im Prinzip gefielen. Aber die Druckgenehmigung, die ich ja brauche, um weiter zu kommen, habe ich bis auf den heutigen Tag noch nicht, trotzdem mir ein Mitglied des Kulturellen Beirates vor einiger Zeit in Ahrenshoop sagte, das Werk sei genehmigt. Ich rief sofort in Berlin an – und erhielt wieder eine Auskunft: ich solle mich noch gedulden.*

---

26 Peter E. Erichson an Arnold Gustavs 27.4.1951. Slg. Gustavs.

So, lieber Herr Gustavs, liegen die Dinge. Rehse[27] *und auch andere Freunde meinen es sicher gut. Aber aus meiner Erfahrung heraus weiß ich, daß sich die Berliner Stellen durch n i c h t s beeinflussen lassen. Wir müssen daher in Geduld abwarten, wann endlich die Genehmigung und Rückreichung des Manuskriptes bei uns eintrifft. Dann sende ich Ihnen das Manuskript s o f o r t zu, damit Sie es noch einmal überprüfen und es mir dann zur Drucklegung zurückgeben.*

Wenn ich lange geschwiegen habe, dann nur deshalb, weil ich Ihnen ja nur immer wieder dasselbe zu sagen hatte: bitte warten. Und ich meine: In unserem Alter wissen wir, daß das Unausgesprochene oft das Wertvollere in der gemeinsamen Arbeit ist im Glauben an die Zuverlässigkeit des Anderen.[28]

Mitte Oktober 1951 schreibt Erichson an Gustavs:

alle meine Bemühungen, – ich bin wegen des Buches 6 x in Berlin gewesen – die e n d g ü l t i g e Druckerlaubnis zu erhalten, schlugen bisher fehl. Am 1. Oktober ist der Kulturelle Beirat aufgelöst und in das Amt für Literatur und Verlagswesen

---

27 Gemeint ist Gottlieb Rese [!], den Heinz Mansfeld, Museumspfleger für das Land Mecklenburg, in einem Brief an Arnold Gustavs vom 24.1.1952 als *den Sekretär des Verbandes Bildender Künstler* [des Landes Mecklenburg – OG] *und früheren zuständigen Referenten bei der Landesverwaltung für Kunstangelegenheiten* erwähnt. (Slg. Gustavs). In einem Brief an Gustavs anläßlich der dann bald erteilten Druckgenehmigung äußert sich Rese konkreter darüber, was Erichson in seinem Brief nur andeutet. Rese schreibt: *Über Ihre Nachricht, daß die Druckerlaubnis für Ihr Heimatbuch erteilt wurde, habe ich mich herzlich gefreut. Ich hatte noch vor etwa 2 Monaten mit dem Sekretär der zentralen Leitung des Deutschen Schriftstellerverbandes gesprochen, damit er sich noch einmal erkundigen soll nach dem Verlauf dieser langweiligen Geschichte. Vor etwa 14 Tagen war ich in Ahrenshoop noch mit Herrn Erichson zusammen und sprachen wir ebenfalls über Ihr Buch. Damals war die Genehmigung noch nicht gegeben und es ist nach dieser Zeit langen Wartens sicher für alle an dem Buch Interessierten eine große Freude, daß man sich endlich entschieden hat, Ihr Heimatbuch drucken zu lassen.* Gottlieb Rese an Arnold Gustavs 5.11.1951. Slg. Gustavs.
28 Peter E. Erichson an Arnold Gustavs 19.7.1951. Slg. Gustavs.

überführt worden. Jetzt wird das Manuskript nochmals gelesen. Also heißt es weiter warten.[29]

Es ist fast so: die Berliner glauben, Hiddensee auch zu kennen. Und jeder, der einmal seine Nase an der Hiddenseer Luft reinigte, steckt nun dieselbe Nase in unsere Arbeit über die Insel und gibt seinen Senf dazu. – Aber ich hoffe doch, Ihnen bald eine günstige Nachricht geben zu können.[30]

Ende Oktober wurde dann die Druckgenehmigung erteilt und das Manuskript von Berlin an den Verlag und von dort an den Autor zur letzten Durchsicht gesandt.[31] Mitte November schreibt Käthe Miethe an Gustavs, der inzwischen das bearbeitete und zensierte Manuskript gelesen hatte:

Dass Sie einige Einwände gegen die Bearbeitung des Manuskripts haben würden, damit habe ich gerechnet, ohne diese Sache also abstellen zu können, denn es ging ja in dieser Sache leider nicht allein um Ihre Arbeit und dann meine bescheidene Mithilfe daran, sondern es ging viel mehr um die Meinung der Herren in Berlin, um die wir ja so endlos lange kämpfen mussten und der sich der Verlag und ich schliesslich immer wieder beugen mussten, um nicht alles verloren gehen zu lassen. Dass dabei zuletzt immer ein Kompromiss zustande kommt, wen kann das wundern? Und ich möchte Ihnen heute ehrlich mit einem Dank für Ihren Brief sagen, dass ich mit noch grösseren Ausständen Ihrerseits rechnete, ohne mich selbst deswegen im Gewissen belastet zu fühlen, denn wir stehen ja in diesen Dingen unter einem Zwang.

---

29 Vgl. Siegfried Lokatis: *Im Gegensatz zum Kulturellen Beirat mit seinen endlosen Verfahren sollte das ALV [Amt für Literatur und Verlagswesen – OG] seine Arbeit zügig erledigen, um Stockungen im Produktionsprozeß zu vermeiden.* (Simone Barck, Martina Langermann, Siegfried Lokatis, a. a. O., S. 27.) Das Druckgenehmigungsverfahren für Arnold Gustavs' Heimatbuch ist von dem neuen Amt dann auch zügig abgeschlossen worden.

30 Peter E. Erichson an Arnold Gustavs 15.10.1951. Slg. Gustavs.

31 Peter E. Erichson an Arnold Gustavs 28.10.1951. Telegramm. Slg. Gustavs.

Ihren Wunsch für die beiden einleitenden Abschnitte habe ich damals geachtet, obwohl mir klar war, dass mein Einwand gegen diese „Doublette", die sich in der Betrachtungsweise ergab, nicht allein stehen würde. Ich rechnete im stillen damit, dass von Berlin der gleiche Vorschlag zur Zusammenschlagung der Einführungen kommen würde, und das blieb nicht aus. Ich weiss nicht, ob Herr Erichson Ihnen das seinerzeit mitteilte, als er mit diesem Bescheid aus Berlin zurückkam, nahm es aber an, sonst hätte ich Ihnen selbst diese Mitteilung gemacht. Von Ihrem Gefühl aus gesehen, haben Sie durchaus recht, vom Bau eines Buches aus gesehen, aber doch nicht, und das war zuletzt das Ausschlaggebende. Und dagegen in Berlin aufzutreten, hätte keinen Erfolg gehabt, sondern die ganze Frage der Drucklegung nur gefährden können. Es ist uns jetzt, nachdem die Druckerlaubnis endlich für die vorliegende Fassung durchgekämpft worden ist, nicht erlaubt, noch irgendwelche Aenderungen bei dem Manuskript anzubringen, es müsste dann unbedingt noch einmal vorgelegt werden, und wir ständen wieder wie am ersten Tage da, zugleich mit der Ungewissheit, ob es noch einmal gelingen würde, die Druckerlaubnis zu bekommen. Ich werde diese Sache Herrn Erichson persönlich vorlegen, der Ihnen dann dazu massgebend antworten wird, denn ich bin ja nur ein „Mithelfer", und Herr Erichson hat alle Verhandlungen mit dem Beirat persönlich geführt. Dass der Abschnitt Onkel Oskar ganz wegfallen soll, das glaube ich persönlich, dürften wir wohl ohne Bedenken machen, da dieser ganze Abschnitt eigentlich das höchste Missfallen in Berlin erregt hatte; und der Vorschlag, das Grundstücksgeschäft als Schiebung zu bezeichnen, war gleichsam nur ein Entgegenkommen aus Berlin, damit wir uns diesen Abschnitt retten könnten. Ich wäre da also für Herausnehmen, zumal mir Ihre Einwände gegen diese Form durchaus verständlich sind.[32]

---

[32] Näheres zu dem umstrittenen und schließlich gestrichenen Abschnitt im Kapitel über Oskar Kruse S. 176f.

Recht haben Sie damit, dass das „Fischerspiel"[33] keinen so sehr glücklichen Platz im Hauptmann-Kapitel hat. Ich habe mir diese Frage hin und her überlegt, konnte es aber nirgend anders unterbringen, und verknüpfte es dann doch mit dem Ende dieses Kapitels. Bei dieser Art des Arbeitens, zu der wir gezwungen sind, bleiben Kompromisse niemals aus, ich habe auf diesem Gebiet selbst reichlich und nicht leichte Erfahrungen machen müssen, bis es schliesslich zur Druckerlaubnis meines Romans[34] kam, und oft verlor ich den Mut ganz, und viel Freude ist mir dabei genommen worden, aber ich sah keinen anderen Weg. Es gibt ihn auch nicht. Man muss sich damit zu trösten versuchen, dass die Leser dann die „Nahtstellen", die unausbleibbar sind, nicht so fühlen, wie man selbst, und man muss sich selbst immer wieder an dem aufrichten, was von dem Ursprünglichen geblieben ist.[35]

Zwei Tage später schreibt Erichson an Gustavs:

Käthe Miethes Antwort an Sie liegt vor mir. Ich bin auf dem Sprunge nach Berlin, um mir am Freitag meine neue Bestallung als Verleger zu holen. Darauf habe ich 1 1/2 Jahr warten müssen. Aber nichts hat mich erschüttern können. „Alles kommt zu dem, der warten kann!" – Und so hat sich auch diesmal das Wort als wahr erwiesen.[36] –

---

33 Ein Text „Fischerspiel" ist weder in Gustavs' Manuskript noch gesondert erhalten. Er wurde offensichtlich nachgereicht.

34 Käthe Miethe: *Bark Magdalene. Ein Fischländer Heimatroman.* Carl Hinstorff Verlag Rostock 1951.

35 Käthe Miethe an Arnold Gustavs 13.11.1951. Slg. Gustavs.

36 Hierzu schreibt Erichson zwei Wochen später an Gustavs, wohl auf dessen Nachfrage: *„Alles kommt zu dem, der warten kann" ist ein altes englisches Sprichwort. Ich trage es seit 1903 in meinem Bewußtsein – es hat mich durch viele dunkle Zeiten meines Lebens begleitet – und ich kann wohl sagen – es hat immer gehalten – was es mir versprochen hat.* Peter E. Erichson an Arnold Gustavs 29.11.1951. Slg. Gustavs.

Nun zu Ihren Sorgen: Glauben Sie mir, die Durchbringung Ihres Werkes war ein schweres Stück Arbeit. Wir Alten sind zu starke Individualisten und nehmen die Welt und insbesondere unsere Umwelt z u persönlich. Von diesem Geiste weht ja durch das ganze Buch ein starker Glanz. Ich weiß daher auch um Ihre Schmerzen, daß die beiden Eingangskapitel zusammengelegt worden sind. Aber Sie müssen mir glauben, wenn ich Ihnen sage: Dies war eine von Berlin nach der allerersten Lesung geforderte Korrektur (die, so behaupte ich weiter zu sagen, Käthe Miethe recht gut durchgeführt hat). Darum willigen Sie ein. Das später fertig gedruckte Buch wird Sie i n s e i n e r G a n z h e i t davon überzeugen, daß Sie ein Buch über die Insel geschaffen haben, das für Jahrzehnte seine Bedeutung behalten wird.

Onkel Kruse sehe ich mir noch einmal genau mit Käthe Miethe zusammen an. Auf alle Fälle sollen Ihre Wünsche respektiert werden. Auch nicht der Schatten eines Vorwurfes darf auf ihn fallen. Evtl. müssen wir ihn streichen. Das würde ich aber bedauern (schon der guten Zeichnung halber!). – Jedenfalls seien Sie deswegen beruhigt. – Auch die angehängte „Fischerspiel"-Notiz möchte ich a m l i e b s t e n streichen. Aber sagen Sie dazu Ihre Meinung. Sonst hängen wir sie anderswo an.[37]

Eine Woche später bedankt sich Käthe Miethe bei Arnold Gustavs *für Ihren guten Brief vom 18. November und Ihr Verständnis auch für Herrn Erichsons Schreiben* – d. h. für die Einwilligung zum Druck – und fügt hinzu: *Wir sitzen ja alle in einer Zwangslage, um von der „Jacke" zu schweigen.*[38]

---

37 Peter E. Erichson an Arnold Gustavs 15.11.1951. Slg. Gustavs.
38 Käthe Miethe an Arnold Gustavs 21.11.1951. Slg. Gustavs.

Die „Jacke" der Zensur

Was ist nun alles mit Blick auf die Zensur gestrichen, geändert oder hinzugefügt worden? Um das herauszufinden, mußte der ursprüngliche Text nicht nur mit der Erstauflage von 1952, sondern auch mit späteren Auflagen des Buches verglichen werden, denn es zeigte sich, daß die Zensur in den Nach- und Neuauflagen zusätzliche Spuren hinterlassen hat. Wir müssen uns also in unserer Darstellung auf verschiedene Ausgaben des Buches beziehen: die – nicht völlig identischen – neun Auflagen, die von 1952 bis 1959 im Rostocker Carl Hinstorff Verlag erschienen, sowie die in der Evangelischen Verlagsanstalt (EVA) 1980, 1982, 1990 und 1991 erschienenen Auflagen, die teilweise erheblich von den Hinstorff-Ausgaben abweichen und auch untereinander etwas differieren.[39] Grundlage der Vergleiche ist ein im Nachlaß Arnold Gustavs erhaltener Durchschlag des Manuskripts (zitiert *Ms*).

Sehen wir uns nun die zensurbedingten Änderungen näher an.

In dem Kapitel über die Stralsunder Fayence-Fabrik wurde eine Charakterisierung der Frau des Kammerrates Giese gestrichen, die die feudalpatriarchalischen Verhältnisse auf Hiddensee im 18. Jahrhundert in einem zu positiven Licht erscheinen ließ:

Sie widmete sich der Erziehung ihrer Kinder und kümmerte sich rührend um die Bewohner der Insel, die ja zum größten Teile ihre Leibeigenen waren. Die Leute verehrten sie und nannten sie nur „unsere gute Mutter". Als bekannt wurde, dass

---

[39] Im Gustavs Verlag Joachimsthal erschienen 1993 und 1994 noch zwei Nachdrucke der letzten EVA-Ausgabe. In diesem Zusammenhang sei darauf hingewiesen, daß in den Ausgaben der Evangelischen Verlagsanstalt Eingriffe in den Text der Hinstorff-Auflagen vorgenommen wurden, die über die hier im Nachwort genannten zensurbedingten Änderungen hinausgehen. Man wollte die Sprache des Autors etwas modernisieren und den Inhalt des Buches aktualisieren.

Hiddensee verkauft werden sollte, kamen sie in Scharen und erklärten sich bereit, mehr Abgaben zu zahlen und mehr Dienste zu verrichten, wenn nur Frau Giese weiter unter ihnen wohnen wolle. [...] „Man kann nicht leicht eine Gestalt sehn, die zugleich mehr Zutrauen und mehr Ehrerbietung einflößte."[40]

Auch die Bemerkung, der noch jetzt auf Hiddensee benutzte Abendmahlskelch sei *ein schönes Erinnerungsstück an die „gute Mutter" der Hiddenseer* wurde in *ein schönes Erinnerungsstück an jene Zeit* geändert.[41]

Als Arnold Gustavs im Kapitel „Kampf mit dem Meer" auf die nach der Sturmflut 1872 erwogenen Pläne zu sprechen kommt, den Ort Vitte auf den Schwedenhagen zu verlegen, gibt er folgende Episode wieder, die gestrichen wurde:

Bei dem großen Vertrauen, das die Hiddenseer zu ihrem Landesvater hatten, fassten sie den Entschluss, sich bittend an Kaiser Wilhelm zu wenden. Der Landrat von Rügen ebnete ihnen den Weg, und so machte sich der Dorfschulze Johann Karl Schluck vom Norderende in Vitte mit den beiden Schöffen auf den Weg nach Berlin. Sie trafen im Schlosse aber nur den Kronprinzen. Leutselig empfing dieser sie und war wohl nicht wenig erstaunt, als ihn Johann Karl Schluck mit den Worten begrüßte: „Je, wi wull'n jo eigentlich den Ollen spräken". Doch der Kronprinz redete ihnen freundlich zu, sodass die Fischer ganz hoffnungsfroh wurden und der alte Johann Karl zum Abschied dem Kronprinzen die Hand schüttelte und sagte: „Na, denn stell'n Sei Vaddern dat man ordentlich vör."[42]

---

40 Ms 48; vgl. Aufl. 1956/2009, S. 52/57. Der letzte Satz ist ein Zitat aus Johann Friedrich Zöllner: *Reise durch Pommern nach der Insel Rügen und einem Theile des Herzogthums Mecklenburg, im Jahre 1795.* Berlin 1797, S. 194.
41 Ms 51; Aufl. 1956/2009, S. 53/59.
42 Ms 74; vgl. Aufl. 1956/2009, S. 99/108.

Der Kaiser und der Kronprinz waren hier offensichtlich zu volksnah dargestellt. Gestrichen wurde weiter, daß bei der Beseitigung der Sturmflutschäden 1872 die Regierung auch in anderer Hinsicht *großzügig geholfen* habe.[43]

Das Manuskript enthält ein sehr kurzes und blasses Kapitel „Film und Theater", das ganz verschwand. Unter den dort genannten Künstlern findet sich auch der Schauspieler Otto Gebühr, der vor allem durch seine Filmrollen als Friedrich II. populär wurde, die er auch noch nach 1933 in NS-Filmen übernahm. Gustavs schreibt:

Mag auch Friedrich der Zweite zur Zeit etwas im Kurs gesunken sein, so war doch die künstlerische Darstellung des großen Königs durch Gebühr eine einmalige Höchstleistung. Gebühr, der auch ein kleines Haus in Kloster hat, ist so recht der Volkstümliche, der sich mit den Fischern duzt, auch mit ihnen Schnaps trinkt. In einer mehrfach wiederholten Aufführung von Hauptmanns „Vor Sonnenuntergang" im Stralsunder Stadttheater hat er in ergreifender Weise den alten Geheimrat Clausen verkörpert.[44]

Im Kapitel „Die frühe Zeit" wurde ein längerer Abschnitt über den Hiddenseer Goldschmuck getilgt, in dem auch *die Kirche Wang im Riesengebirge* erwähnt ist, die *Friedrich Wilhelm der Vierte auf Anregung der Gräfin Reden dort aufbaute und so vor dem Untergang rettete*.[45]

Arnold Gustavs hatte seinem am Schluß des Kapitels „Hausmarken" geäußerten Wunsch, daß der lebendige Gebrauch der

---

43 Ebd.
44 Ms „Film und Theater", S. 4f.
45 Ms 16; vgl. Aufl. 1956/2009, S. 24/26. Der preußische König Friedrich Wilhelm IV. erwarb 1841 eine in der südnorwegischen Gemeinde Vang zum Abriß stehende mittelalterliche Holzkirche (eine sog. Stabkirche), die mit zahlreichen geschnitzten Ornamenten und Tierdarstellungen verziert ist. Sie wurde in den folgenden Jahren auf Anregung der Gräfin Friederike von Reden bei Krummhübel (Karpacz) im Riesengebirge wieder aufgebaut.

Hausmarken weiter erhalten bleibe, hinzugefügt: *und dass der nivellierende Einfluss der modernen Kultur und des Badelebens nicht auch dieses Erbgut alter Zeit* [die Hausmarken – OG] *verschwinden lässt;* dies wurde verkürzt zu: *und dieses Erbgut alter Zeit nicht in Vergessenheit gerät*, offensichtlich wegen kulturpolitischer Skrupel.[46]

Im Kapitel „Oskar Kruse" hatte Gustavs auch geschildert, wie Kruse zu seinem großen Grundstück in Kloster gekommen war:

Sein Grundstückskauf ist ein Till-Eulenspiegel-Streich der damaligen Stadtväter von Stralsund. Die Hauptbeteiligten leben nicht mehr; so kann man wohl ruhig darüber schreiben. Der Stadt Stralsund lag daran, Baugelände zu verkaufen. Vornehmlich sollte das Stück zwischen dem Rettungsschuppen und der Hucke aufgeteilt und verkauft werden. Oberhalb des Strandes auf dem hohen Ufer war die Anlegung einer Strandpromenade geplant, hinter der sich die Villen und Sommerhäuser erheben sollten. Das ganze Gelände war vor etlichen Jahren mit Kiefern bepflanzt worden, die schon etwa einen halben Meter hoch waren. Ein Brunnen war hinter der Kiefernschonung gebohrt worden. Er war annähernd vierzig Meter tief und kostete viel Geld. Aus diesem Brunnen sollten die Ansiedler mit Wasser versorgt werden. Alles war wohl überlegt. Da kam Oskar Kruse, und es gelang ihm, dieses ganze Terrain für einen Spottpreis zu erwerben, für 25 Pfennig für den Quadratmeter. Durch welche Überredungskünste er dies erreichte, ist niemals kund geworden. Jedenfalls, Kruse hatte das Land, mit all den schönen Bäumen. Ja, er hatte auch den für so teures Geld gebohrten Brunnen; denn dieser befand sich auf dem von ihm gekauften Lande.

---

46 Dieser letzte Satz des genannten Kapitels ist in den Ausgaben der Evangelischen Verlagsanstalt aus sachlichen Gründen ganz gestrichen. Die Hausmarken waren 1980 schon nicht mehr in Gebrauch. Ms 38; Aufl. 1956/2009, S. 76/84; vgl. Aufl. 1980, S. 74.

Nun war der Schreck auf Seiten der Stralsunder groß, während Kruse sich ins Fäustchen lachte. Drollig pflegte er zu schildern, wie zwei Ratsherren in ihren langen schwarzen Amtsroben mit der steifen Halskrause auf Rädern von Vitte nach Kloster geeilt wären, um den unheilbaren Schaden zu sehen.[47]

Diese Geschichte über einen geschickt arrangierten Kauf von viel Land für einen Spottpreis hatte – wie es in dem oben zitierten Brief Käthe Miethes vom 13.11.1951 heißt – *das höchste Missfallen in Berlin erregt* und wurde gestrichen.

Je mehr sich Arnold Gustavs in seinem Buch der jüngeren Geschichte nähert, desto deutlicher werden die hinter manchen Streichungen und Einschüben stehenden politisch-ideologischen Beweggründe. So war die Feststellung, die Neuendorfer hätten *in einem praktischen Kommunismus gelebt*, noch als unbedenklich durchgegangen, der Zusatz *ehe dieser als politische Partei ins Leben trat* wurde dagegen getilgt, wohl weil nicht sicher war, ob sich diese Aussage mit den damals gerade aktuellen Darstellungen der Geschichte vertrug.[48] Tischlermeister Theodor Niemann, nach dem Manuskript ein *wackrer Sozialdemokrat,* erscheint im Buch als *wackrer Sozialist.*[49] Sozialdemokraten galten damals offiziell nicht gerade als *wacker*. Natürlich wurde gestrichen, daß die zum 80. Geburtstag der Malerin Elisabeth Büchsel gezeigte Ausstellung *von Dr. Adler, dem Direktor des Stralsunder Heimatmuseums besorgt war*[50], da dieser, wie erwähnt, in den Westen gegangen war. Hiddensees *Besetzung durch die Russen* wurde selbstverständlich zu einer Besetzung durch die *Rote Armee.*[51] Nicht entschieden genug formuliert war offensichtlich,

---

47 Ms „Oskar Kruse", S. 2; vgl. Aufl. 1956/2009, S. 124/136.
48 Im Manuskript steht: *So haben eigentlich die Neuendorfer Fischer stets in einem praktischen Kommunismus gelebt [...].* Ms 106; Aufl. 1956/2009, S. 69/76.
49 Ms 93; Aufl. 1956/2009, S. 65/72.
50 Ms „Elisabeth Büchsel", S. 4; Aufl. 1956/2009, S. 122/133.
51 Ms 121; Aufl. 1956/2009, S. 118/129.

daß die Kosacken, die 1945 auf der Insel waren, mit der Bevölkerung *in ein ganz freundliches Verhältnis* kamen. Das Verhältnis wurde in ein *freundschaftliches* gesteigert.[52] Daß der am Schluß des Buches mit *„Hier ist Gott selbst"* zitierte Umsiedler *aus Ostpreußen* stammte, sollte nicht ausdrücklich erwähnt werden. An diese Wunde rührte man besser nicht.[53]

Im Kapitel „Gerhart Hauptmann"[54] schienen mehrere Änderungen nötig: den *größten Naturalisten* machte man zum *größten Realisten,* dessen Mystik besser nicht so deutlich als Erbteil des *schlesischen Volksstammes* benannt sein sollte, sondern nur als Erbteil *seines Volksstammes,* so wie es besser auch nicht *schlesische* Dichter waren, die Hauptmanns Sarg übernahmen, sondern *deutsche* Dichter. Die *Universitäten der Ostzone* waren 1952 selbstverständlich *Universitäten der Deutschen Demokratischen Republik* und *Wilhelm Pieck* hieß nun ‚politisch korrekt': *Unser jetziger Präsident der Deutschen Demokratischen Republik, Wilhelm Pieck.* Natürlich ist im Zusammenhang mit Hauptmanns Beerdigung auch nicht, wie im Manuskript, von einer *russischen Kulturstelle,* sondern einer *sowjetischen Kulturstelle* die Rede. Schließlich wurde in das Kapitel über Gerhart Hauptmann noch der lange vorletzte Absatz[55] eingefügt: *Hohe Würdenträger unserer Regierung, darunter der Vorsitzende der Staatlichen Kommission für Kunstangelegenheiten, Helmuth Holtzhauer,* sind dort erwähnt – sie wären bei der Enthüllung des Grabsteins für Gerhart Hauptmann zugegen gewesen – sowie *Volksbildungsminister Laabs*[56], der die Enthüllung der Gedenktafel für Gerhart Hauptmann am „Hotel zur Ostsee" in Vitte vorgenommen hätte.

---

52 Ebd.
53 Ms 129; Aufl. 1956/2009, S. 140/153.
54 Ms „Gerhart Hauptmann", S. 6-9; Aufl. 1956/2009, S. 130-134/142-147.
55 Aufl. 1956/2009, S. 133f./146f.
56 Hans-Joachim Laabs war 1950-1952 Minister für Volksbildung des Landes Mecklenburg. (Freundliche Mitteilung von Grete Grewolls, Landesbibliothek Mecklenburg-Vorpommern, Schwerin).

Die abschließende Metapher, von *dem Toten* gehe ein *lebendiger Blutstrom* in die Zukunft, ist nicht aus Gustavs' Feder geflossen.

Der Anfang des letzten Kapitels „Im Winter" lautet im Manuskript:

Ich bin oft von Badegästen gefragt worden: „Solange wir im Sommer hier sind, geht es ja; da haben Sie Unterhaltung und Anregung. Aber wie halten Sie es nur winters aus, wenn wir alle fort sind?" Ich habe hin und wieder mich nicht enthalten können zu antworten: „Wenn der Dampfer mit den letzten Badegästen als dunkle Wolke am Horizont verschwindet, dann zieht eine leise und schöne Freude in mein Herz ein." Nun, das ist freilich nicht so boshaft gemeint, wie es klingt. Denn ich bin wirklich dankbar für mancherlei Anregung, die ich durch Badegäste empfing, und für wertvolle Menschen unter den Kurgästen, die ein wichtiges Stück meines Lebens ausmachen. Aber das eine bleibt bestehen: der ureigenste Reiz der Insel und ihre ewige Schönheit kann nur empfunden werden, wenn sie einsam ist. Und das ist sie nur im Winter, wenn alles verschwunden ist, womit die Saison sie an städtischem Wesen wie mit einem unechten Mäntelchen überkleidet hat.[57]

Anstelle dieses Absatzes, der bis auf zwei Zeilen der einleitenden Frage gestrichen wurde, ist eine lange Passage eingefügt, die von der *neuen Mission* handelt, die *Hiddensee zu erfüllen hat,* nämlich *den Werktätigen, die jetzt der FDGB zu uns führt, die Schönheiten unserer Heimat nahezubringen.* Dem Buch wird der Wunsch mitgegeben, *den Schaffenden aller Berufe die Augen für den eigenartigen, unvergleichlichen Reiz der Insel Hiddensee aufzutun und sie mit ihrer Geschichte, ihrem Wesen und ihren Merkwürdigkeiten vertraut zu machen, damit die Urlauber vollen*

---

57 Ms 125; vgl. Aufl. 1956/2009, S. 135/148f.

Gewinn des Geistes und des Körpers aus ihren Sommerwochen in ihre Arbeit tragen.[58]

Es fällt auf, daß Arnold Gustavs, der in seinem Buch einen Überblick über die Geschichte Hiddensees gibt, der NS-Zeit kein gesondertes Kapitel gewidmet hat. Sie wird im Manuskript lediglich im Kapitel „Als Student auf Hiddensee" zweimal beiläufig erwähnt. Dort heißt es über das Dampfschiff „Caprivi":

Dieser nette kleine Dampfer hat nachher als schwimmendes H.-J.-Heim am Bollwerk Kloster ein unrühmliches Ende gefunden.[59]

Im Manuskript folgen dem noch die dann gestrichenen Sätze:

Diese politische Bestimmung sagte ihm so wenig zu, dass er sehr bald leck wurde und der nationalsozialistischen Jugend nasse Füße verschaffte, sodass sie dies unwirtliche Quartier verließen. Nachdem der wertvolle Kessel entfernt war, wurde der Dampfer verschrottet.[60]

Ein zweites Mal erwähnt Gustavs die NS-Zeit im Manuskript in einem getilgten Abschnitt am Schluß des gleichen Kapitels:

Auch sonst haben die Gewohnheiten der Großstädter wenig abgefärbt. Nun ja, es gibt einige junge Mädchen, die sich die Lippen färben oder die Augenbrauen abrasieren. Aber ihre Zahl bleibt gering, oder sie tun es nur kurze Zeit. Denn ein Hiddenseer Fischerjunge heiratet kein Mädchen, das sich anmalt. Und es gibt auch wohl einige eitle Jünglinge, die die langmähnige Haartracht der Großstadtherren nachahmt. Aber sie tun auch das nur kurze Zeit. Denn Sturm und Wet-

---

58 Ebd. Dies alles stammt nicht von Arnold Gustavs, dessen eigener Text erst wieder mit dem vierten/zweiten Absatz auf Seite 135/149 beginnt: *Wenn man ...* .

59 Ms 81. Im Buch (Aufl. 1956/2009, S. 78/86) lautet der Satz: *Dieser kleine, hübsche Dampfer hat später als schwimmendes HJ-Heim am Bollwerk von Kloster ein unrühmliches Ende gefunden.*

60 Ms 81.

ter würden ihnen ja dauernd ihre Mähne ins Gesicht und in die Augen wehen.

Ebensowenig sind auch die Hiddenseer – um das gleich mit zu erwähnen – von den wechselnden parteipolitischen Anschauungen beeinflusst worden. Als ich 1896 nach Hiddensee kam, wählten sie konservativ. Dann kamen Zeiten, in denen sie den Sozialdemokraten ihre Stimme gaben, später der fortschrittlichen Volkspartei.[61] *In der Nazizeit konnten sie kaum anders, als Hitler zu wählen. Heute wählen sie die SED. Aber innerlich sind sie immer dieselben geblieben. Man kann und darf sie nicht beschuldigen, dass sie den Mantel nach dem Winde hängen. Sie sind stets dieselben aufrechten, geraden Menschen, die etwas auf sich halten und einen gewissen Stolz ihr eigen nennen. Die Tagesmeinungen sind nur wie ein Anstrich, mit dem ein knorriger Eichenklotz hin und wieder angestrichen wird. Der Anstrich wechselt. Der Eichenknorren bleibt derselbe.*[62]

Diese Äußerungen verdeutlichen Arnold Gustavs' naives Verständnis von Geschichte, mit dem er auch die NS-Zeit relativiert und letztlich seine eigene NS-Vergangenheit verdrängt, auf die hier nicht näher eingegangen werden kann. Sie ist ausführlich dargestellt in der Dokumentation des Herausgebers „Reichsgottesdienst auf Hiddensee 1933-1945".[63]

Die NS-Zeit wird dann noch einmal in der gedruckten Fassung des Kapitels „Als Student auf Hiddensee" erwähnt. Im Manuskript hatte Gustavs geschrieben, daß es bei seinem ersten Hiddensee-Aufenthalt 1896 während der Hauptsaison in Kloster

---

61 Die 1910 gegründete liberale Fortschrittliche Volkspartei (FVP) schloß sich 1918 mit dem linken Flügel der Nationalliberalen Partei zur Deutschen Demokratischen Partei (DDP) zusammen.

62 Ms 89f; vgl. Aufl. 1956/2009, S. 85/94.

63 Owe Gustavs: *Reichsgottesdienst auf Hiddensee. Arnold Gustavs – Inselpastor im Dritten Reich. Nationalsozialistisches in pommerschen Kirchenblättern und dem Jahrbuch „Auslanddeutschtum und evangelische Kirche". Eine Dokumentation.* 2., durchges. Aufl., Edition Andreae Hiddensee, Berlin 2008.

und Vitte zusammen etwa fünfzig bis sechzig Badegäste gegeben habe: *Keine Leute vom Kurfürstendamm in mondänen Toiletten sondern schlichte kleine Beamte oder Gewerbetreibende*[64], was in der gedruckten Fassung noch breiter ausgemalt wird.[65] Dann sind in der ersten Auflage von 1952 zwei Absätze eingeschoben, die im Manuskript fehlen:

Es war also noch ein weiter Weg zurückzulegen, ehe die Insel Hiddensee für die Sommermonate ihrer wahren Bestimmung zugeführt wurde: den Werktätigen aller Berufe, die das erste und auch einzige Anrecht auf Erholung und Stärkung ihrer Arbeitskraft haben, ihre begnadete Schönheit darzubieten.

Auf diesem weiten Wege lagen auch die unheilvollen Jahre der Hitlerzeit. Und wenn ich in der Darstellung des Schicksals unserer Insel diesem beschämenden Zeitabschnitt kein besonderes Kapitel gewidmet habe, liegt der Grund darin, daß die Einwohner Hiddensees ihn wie einen bösen Gewitterschauer über sich dahinrasen ließen, um sich tief aufatmend nach dem Zusammenbruch wieder zu erheben, bereit, dem neuen Aufstieg mit allen Kräften zu dienen.[66]

Im Dezember 1953 schreibt Käthe Miethe an Arnold Gustavs:

Ihre Anregungen für die neue Auflage – das heißt, die Streichung eines gewissen Satzes, den ich seinerzeit mit vollem Bewußtsein hineinschrieb, der gewiß auch seinen Sinn erfüllt hat, habe ich dem Verlag mit der Bitte um Ausführung weiter-

---

64 Ms 83.
65 Aufl. 1956/2009, S. 80/89. Die Stelle lautet dort: *Keine Leute vom Kurfürstendamm in mondänen Toiletten,* wie sie wenige Jahrzehnte später Hiddensee mit Vorliebe aufsuchen sollten, *sondern schlichte, kleine Beamte und Gewerbetreibende,* die einen bescheidenen, billigen Sommeraufenthalt suchten und dafür gern auf all das verzichteten, was in anderen Bädern damals bereits an „Komfort" für die Gäste geboten wurde. (Die von Gustavs stammenden Teile des Satzes sind hier kursiv gesetzt.)
66 Aufl. 1952/2009, S. 80f./89.

gegeben, denn nun ist dieser Satz ja auch ueberholt und man kann ihn mit gutem Gewissen weglassen.[67]

Dieser *gewisse Satz* ist der Relativsatz *die das erste und auch einzige Anrecht auf Erholung und Stärkung ihrer Arbeitskraft haben*, der in dem ersten der beiden oben zitierten eingeschobenen Absätze steht. Er findet sich ab der Auflage 1954 nicht mehr in dem Buch. Ab der Auflage 1955 ist dann auch der ganze darauffolgende Absatz gestrichen, der mit dem Satz beginnt: *Auf diesem weiten Wege lagen auch die unheilvollen Jahre der Hitlerzeit.*

Nachlese

In den 1980 und 1982 in der Evangelischen Verlagsanstalt (EVA) erschienenen Ausgaben des Buches finden sich dann noch einige weitere politisch-ideologisch motivierte Änderungen. Zu diesen gehört die Streichung auch des ersten der drei auf Seite 180 zitierten Sätze über das unrühmliche Ende des Dampfers „Caprivi", das also in den EVA-Ausgaben gar nicht mehr erwähnt wird. Ideologisch motiviert scheint auch eine Streichung am Schluß des Kapitels „Hol äwer!" zu sein. Arnold Gustavs schreibt dort[68], daß die Fährgerechtigkeit seit langer Zeit[69] stets in den Händen derselben beiden Familien geblieben sei, und schließt mit dem in den EVA-Ausgaben gestrichenen Satz: *Möge das fernerhin auch so sein, denn überlieferte Berufstätigkeit und vererbte Berufstreue sind etwas Großes auf der Erde.*[70]

---

67 Käthe Miethe an Arnold Gustavs 19.12.1953. Slg. Gustavs.
68 Ms 113; Aufl. 1956/2009, S. 107/117.
69 Aufl. 1980, S. 106: *lange Zeit*.
70 Aufl. 1956/2009, S. 107/117; vgl. Aufl. 1980, S. 106. In Gustavs' Manuskript lautet die Stelle: *Möge das fernerhin so sein! Denn überlieferte Berufstätigkeit und ererbte Berufstreue ist etwas Gutes und Großes*. (Ms 113). In den EVA-Ausgaben wurden die beiden letzten Absätze des Kapitels „Hol äwer!" umgestellt.

In den 80er Jahren waren in der DDR die Worte *Deutschland* und *deutsch* schon lange suspekt. So konnte Rügen damals nicht mehr – wie noch in den Hinstorff-Auflagen – *Deutschlands schönste Insel* sein.[71] Im Kapitel „Hausmarken" bemerkt Gustavs, daß es ähnliche Zeichen auch *in anderen Teilen Deutschlands* geben mag, woraus *in anderen Gegenden* wurde.[72] Im Kapitel „Alte Namen" wurde aus dem *Zurückströmen der deutschen Volksstämme* (in den Ostseeraum) das *Zurückströmen der germanischen Stämme*[73], das Dorf Plogshagen verdankt seinen Namen jetzt nicht mehr *deutschen Kolonisten*, sondern *germanischen Ansiedlern*[74], und es waren nicht die *deutschen Kolonisten*, sondern die *neuen Kolonisten*, von denen die einst slawische Bevölkerung Hiddensees *aufgesogen* wurde.[75] An der Stelle, an der Gustavs auf die Frage zu sprechen kommt, ob man Gerhart Hauptmanns Exemplar des Neuen Testament, *diese Kostbarkeit*, wie Gustavs schreibt, *nicht dem deutschen Volke erhalten sollte*, anstatt sie dem Dichter mit ins Grab zu geben, wurde *dem deutschen Volke* gestrichen.[76] Auch streckt in den EVA-Auflagen die Insel Der Bock seine Finger nach dem Gellen nicht mehr von der *pommerschen Küste* aus, sondern von *der Küste*[77], und der Wind treibt die sich bei Sturmfluten bildende Wassermasse nicht mehr *gegen die Küsten Pommerns, Mecklenburgs und Holsteins* – das klang zu gesamtdeutsch –, sondern *gegen die Küste*.[78] Die Erwähnung der *pommerschen Küste* und des Namens *Vorpom-*

---

71 Aufl. 1956/2009, S. 10/10; 1980, S. 7.
72 Aufl. 1956/2009, S. 74/82; 1980, S. 72.
73 Aufl. 1956/2009, S. 37/40; 1980, S. 36.
74 Aufl. 1956/2009, S. 39/42; 1980, S. 38.
75 Aufl. 1956/2009, S. 39/43; 1980, S. 38.
76 Aufl. 1956/2009, S. 132/145; 1980, S. 130.
77 Aufl. 1956/2009, S. 17/18; 1980, S. 14.
78 Aufl. 1956/2009, S. 95/104; 1980, S. 93.

mern einige Zeilen weiter ging dagegen durch.[79] Bereits in den Hinstorff-Auflagen war gestrichen worden, daß der Dampfer „Caprivi" auf seinem Weg von Stralsund nach Hiddensee *zwischen der pommerschen Küste und Rügen* dahinschwimme[80], desgleichen die Wendung *diese entlegene Ecke des deutschen Vaterlandes*[81], womit Hiddensee gemeint war. In den Hinstorff-Auflagen heißt es, das Bergener Zisterzienser-Nonnenkloster sei 1193 *nach der Überwindung des Heidentums* gegründet worden. Das ist in den EVA-Ausgaben gestrichen.[82] „Heidentum" durfte nicht „überwunden" werden. Auch die Formulierung *nach Bekehrung der Heiden zum Christentum* wurde durch ein neutrales *nach der Christianisierung* ersetzt.[83] Aus einem *armen Umsiedler* am Schluß des Buches wurde ein *Umsiedler*.[84] Ein Umsiedler durfte nicht arm sein.

Schließlich wurden in den EVA-Ausgaben noch einige sprachliche Anklänge an die NS-Zeit getilgt. Bereits in der ersten Hinstorff-Auflage 1952 war im Kapitel „Die frühe Zeit" die Formulierung *Menschen* [der Steinzeit – OG], *von deren Rassezugehörigkeit wir leider keine Kenntnis haben können,* geändert worden in *Menschen, von denen uns nur ihre Gerätschaften Kunde geben,* und ein Satz, in dem von der *Rassezugehörigkeit der Menschen* [der Bronzezeit – OG] die Rede ist, wurde gestrichen.[85] Zwei weitere an die NS-Zeit erinnernde Wörter, die sich noch

---

79 Unbeanstandet geblieben war auch die Erwähnung der einstigen *Landverbindung zwischen Mönchgut und Vorpommern.* Aufl. 1956/2009, S. 27/29; 1980, 25.

80 Ms 81; vgl. Aufl. 1956/2009, S. 78/86.

81 Ms 117; Aufl. 1956/2009, S. 114/125. Die genannte Charakterisierung ist Teil einer fünf Manuskriptzeilen langen gestrichenen Passage.

82 Aufl. 1956/2009, S. 25/27: *Nach der Überwindung des Heidentums wurde bereits 1193 in Bergen auf Rügen ein Zisterzienser-Nonnenkloster gegründet.* Vgl. Aufl. 1980, S. 23: *Bereits 1193 gründete er* [der Zisterzienserorden – OG] *in Bergen auf Rügen ein Nonnenkloster [...].*

83 Aufl. 1956/2009, S. 26/28; 1980, S. 24.

84 Aufl. 1956/2009, S. 140/153; 1980, S. 137.

85 Ms 13; Aufl. 1956/2009, S. 21f./23.

in den Hinstorff-Auflagen finden, sind in den EVA-Ausgaben geändert bzw. getilgt worden: aus *Endkampf zwischen Wasser- und Verlandungspflanzen* wurde *Kampf zwischen Wasser- und Verlandungspflanzen*[86]; die Feststellung, daß die körperliche Erscheinung der Hiddenseer Fischer heute *völlig germanisch* sei, wurde gestrichen.[87]

In den 1990 und 1991 in der Evangelischen Verlagsanstalt erschienenen Auflagen wurden nur einige wenige politischideologisch motivierte Korrekturen vor- bzw. zurückgenommen[88]: der bereits erwähnte Tischlermeister Theodor Niemann war nun wieder ein *wackrer Sozialdemokrat*[89], aus den *Universitäten der Deutschen Demokratischen Republik* wurden *Universitäten der DDR*[90], das klang härter, und natürlich konnten nach 1989 die *Schönheiten unserer Heimat* nicht mehr *den Werktätigen, die jetzt der FDGB zu uns führt,* nahegebracht werden, dafür nun *den Gästen und Erholungsbedürftigen aus allen Teilen Deutschlands.*[91]

Die Lektorin

Ein in Stralsund geborener Leser aus Putbus und guter Kenner Hiddensees seit 1900, W. Stüdemann, der noch Alexander Ettenburg und Oskar Kruse begegnet war, schreibt Anfang Januar 1953 an Arnold Gustavs, er habe das Buch nicht nur meh-

---

86 Aufl. 1956/2009, S. 17/18; 1980, S. 14.
87 Aufl. 1956/2009, S. 40/43; 1980, S. 39.
88 Die im folgenden genannten Korrekturen finden sich natürlich auch in den 1993 und 1994 im Gustavs Verlag Joachimsthal erschienenen Nachdrucken der letzten EVA-Auflage.
89 Aufl. 1990, S. 63; vgl. Aufl. 1956/2009, 65/72.
90 Aufl. 1956/2009, S. 133/146; 1990, S. 130.
91 Aufl. 1956/2009, S. 135/148; 1990, S. 132.

rere Male gelesen und vorgelesen, sondern auch oft verschenkt. Er fährt fort:

> *Ich bedauere lebhaft, daß Sie sich bei der Herausgabe bevormunden lassen mußten, manches, was ich vermisse, ist wohl gestrichen, manches, was mir überflüssig erscheint, sicher hinzugesetzt worden. Aber der Verlag wollte es wohl nicht anders und in der Herausgeberin haben Sie wohl eine verständnisvolle Zunftgenossin gefunden, die nach Möglichkeit Ihre Wünsche berücksichtigt hat. Das Fischlandbuch von Käthe Miethe ist ja auch eine sehr schöne Veröffentlichung. Aber mit Ihrem Hiddenseebuch haben Sie sicher den Vogel angeschossen [!].*[92]

Nach den vorliegenden Quellen zu urteilen erwies sich Käthe Miethe für Arnold Gustavs tatsächlich als eine *verständnisvolle Zunftgenossin*, und zwar in zweifacher Hinsicht. Zum einen war sie seine „Vor-Zensorin", die aus Erfahrung wußte, wie und wie weit man den „Herren in Berlin" entgegenkommen mußte. Dabei erscheint es dem heutigen Leser fast wie eine List, daß die mit Rücksicht auf die Zensur vorgenommenen Ergänzungen oft eine deutliche Dissonanz zu dem *Grundton*[93] bilden, um dessen *Bestehen* Arnold Gustavs seinen Verleger immer wieder gebeten hatte, wodurch sie als fremde Eingriffe in den Text leicht zu erkennen sind. Zum anderen erwies sich Käthe Miethe aber auch als eine versierte Lektorin. Sie hat das ganze Manuskript sehr gründlich durchgearbeitet, langatmige oder überflüssige Sätze und Passagen gerafft oder gestrichen und dabei natürlich auch selber formulieren müssen. Die *von Berlin* geforderte *Zusammenschlagung*

---

92 W. Stüdemann an Arnold Gustavs 2.1.1953 (Stüdemann, dessen Vorname nicht ermittelt werden konnte, datiert irrtümlich *1952*). Slg. Gustavs.
93 Vgl. den S. 167f. zitierten Brief Peter E. Erichsons an Arnold Gustavs vom 19.7.1951.

der ursprünglich zwei einleitenden Kapitel hat sie gut gelöst.[94] Ein von Käthe Miethe dem Buch vorangestelltes kurzes „Vorwort des Herausgebers" schließt mit dem Satz:

So möge auch dieses Buch, wie das Heimatbuch Fischland, seinen Weg gehen, zu den Menschen auf Hiddensee, um sie in ihrer Heimatliebe zu stärken, zu den ungezählten namenlosen Deutschen, die diese Insel liebgewonnen haben, und zu den neuen Gästen aus allen Kreisen der werktätigen Bevölkerung, denen der FDGB jetzt dieses Kleinod an der Ostseeküste erschlossen hat.[95]

Mit der Erwähnung der *werktätigen Bevölkerung* und des *FDGB* im Vorwort sollte das ganze Buch einen ‚politisch korrekten' Akzent erhalten.[96]

Der Verleger

Was den Verleger betrifft, so hatte Käthe Miethe völlig recht, als sie Arnold Gustavs im September 1950 schrieb, er würde *in die besten Hände kommen*. Gustavs hat das auch sofort gespürt. Davon zeugt die kurze Schilderung, die er von seiner – übrigens einzigen – Begegnung mit dem Inhaber des Carl Hinstorff Ver-

---

94 Vgl. den Brief Käthe Miethes an Arnold Gustavs vom 13.11.1951 (S. 169ff.) und den Brief Peter E. Erichsons an Arnold Gustavs vom 15.11.1951 (S. 171f.). Das ursprüngliche zweite Einleitungskapitel, überschrieben „Meine Insel", ist ohne Kürzungen in das Kapitel „An meine Leser" eingefügt worden (Aufl. 1956/2009, S. 10, 4. Zeile bis S. 11, 8. Zeile). Im Manuskript steht als vorletzter Absatz des Kapitels „An meine Leser" lediglich der Satz *Möchte ein Teil der Freude, die ich beim Abfassen* [im Buch: *Schreiben*] *dieses Buches empfunden habe, sich auf meine Leser übertragen.* Was im Buch (Aufl. 1956/2009, S. 12) danach bis zum Ende dieses vorletzten Absatzes folgt, stammt nicht von Arnold Gustavs.
95 Aufl. 1956/2009, S. 7/157.
96 Vgl. die Erwähnung des FDGB in der S. 179 erwähnten langen Passage, die Käthe Miethe in das Kapitel „Im Winter" eingeschoben hat.

lages gegeben hat. Sie findet sich in einem Jubiläumsband zu Erichsons 75. Geburtstag.

Man sagt, daß beim Kunsthandwerk die ersten Augenblicke des Betrachtens entscheidend für das geistige Erfassen des Gegenstandes seien. Das trifft in gewissem Sinne auch zu auf das Begreifen und Erfassen einer Persönlichkeit. Denn auch eine in sich geschlossene Persönlichkeit ist ein Kunstwerk; ein Kunstwerk, an dem die Zeit, die Umwelt und man selbst gemeißelt hat. In dem ersten Augenblicke des Kennenlernens bildet sich bei uns ein Urteil über diesen Menschen, das später in den meisten Fällen nur unwesentlich geändert wird.

So ist es mir mit Peter E. gegangen. Ich muß zunächst etwas weiter ausholen: nachdem ich 45 Jahre lang Seelsorger der Insel Hiddensee gewesen war, ging ich mit nahezu 74 Jahren in den Ruhestand, da ich der Meinung war, daß ein jüngerer Mann nun wohl besser den Anforderungen des Amtes entsprechen würde als ich. Doch nahm ich mir vor, in den Jahren, welche mir noch vergönnt sein würden, etwas Ordentliches zu schaffen. Und so kam ich dazu, ein Buch über Hiddensee zu schreiben. Es war keine bestellte Arbeit. Ich wollte mir sozusagen meine Liebe zu diesem Lande von der Seele schreiben. Ich wollte die Schönheit Hiddensees malen, wie sie vor einem halben Jahrhundert war. Ich wollte versuchen, die Menschen zu schildern, die auf der Insel leben und die mir so ans Herz gewachsen sind. In zwei Jahren war das Manuskript fertig. Inzwischen war ich durch Vermittlung von Käthe Miethe in Verbindung mit dem Carl Hinstorff Verlag gekommen und bot diesem das fertige Werk an.

Nun kam Peter E. nach Hiddensee, um sich das Manuskript und den Verfasser anzusehen. Ich holte ihn vom Dampfer ab. Der Mann, in einer gewissen Massigkeit des Körpers, mit scharf ausgeprägten Zügen, in denen der Schalk schlummerte, kam mir fast wie eine Art Monument vor. Der nächste Morgen vereinte uns zum Vorlesen. Es waren immerhin 150 Schreibmaschinenseiten, die zu bewältigen waren. So hatte ich mit meiner Frau ein abwechselndes Lesen vereinbart. Dazu kam es nicht. Ich las eines der geschichtlichen Eingangskapitel und meine Frau dann ein mehr volkskundliches. Da fing Peter E. plötzlich an, Anekdoten zu erzählen. Ich dachte: „Nanu! Ist das ein Zeichen, daß er von meinem Manuskript nichts wissen will?" Und wie erzählte er! Ich habe nur einen einzigen Mann kennengelernt, der ein ähnliches künstlerisches Erzählertalent besaß: Oscar Kruse von der Lietzenburg in Kloster, dem ich ja in meinem Buche ein Denkmal gesetzt habe. Ich wartete immer, ob Peter E. nicht bald aufhören würde zu erzählen, um wieder zu meinem Manuskript zu kommen. Ich wagte schließlich eine schüchterne Frage. Peter E. faltete das Manuskript zusammen und sagte ganz beiläufig: „Ich nehme das mit und schicke Ihnen dann meine Lektorin."

Ich habe bei dieser Gelegenheit einen hervorragenden Wesenszug dieses Verlegers feststellen können: die blitzartige Schnelligkeit, mit der er erkennt und sofort weiß, das kann ich gebrauchen.

Und mit diesem schnellen Blick paart sich eine nicht erlahmende Energie in der Verfolgung des einmal als richtig Erkannten.

Jetzt fuhr er mit meinem Manuskript nach Berlin zum kulturellen Beirat und las diesen Herren meine Einleitung vor, die folgendermaßen schließt: „und so[97] *unterzeichne ich diese einführenden Worte mit dem Namen, den mir die Hiddenseer jetzt geben, als der ‚alte Pastor'". Kaum hörten die Herren, in deren Händen damals noch die Entscheidung lag, dies Wort „der alte Pastor", so riefen sie: „Pastor? Und dann ein Buch von Land und Leuten? Klappen Sie schon zu*

---

97 Sowohl im Manuskript als auch in der gedruckten Fassung steht: *nun.*

und fahren Sie wieder nach Hause!" Da hat zunächst Peter E. den Herren die Silhouette gezeigt, die mein Sohn von mir gezeichnet hat und die am Schlusse der Einleitung steht. Und hat gefragt: „Sehen Sie denn nicht schon an diesem Bilde, daß der Mann volksverbunden ist?" Es gab noch lange Auseinandersetzungen. Nicht weniger als sechsmal ist Peter E. nach Berlin gefahren, bis er den Sieg davontrug. Ich weiß inzwischen: nicht nur vielen Hiddensee-Liebhabern zur Freude.

So ist mir die Seele Peter E.s erschienen, in dieser Gloriole: Blitzschnelles Erkennen und dann zäher Einsatz. Möge er noch lange in der Lage sein, diese Eigenschaften zum besten des Verlages und – des deutschen Volkes auszuwerten.[98]

Als Peter E. Erichson nach Erscheinen des Buches im Mai 1952 die ersten Autorenexemplare an Arnold Gustavs schickte, schrieb er diesem in einem Begleitbrief:

da liegen nun die ersten 5 Exemplare vor Ihnen. Ich weiß, Sie werden nun Seite um Seite sorgfältig und liebevoll betrachten – und sich dann ein wenig freuen, daß das Buch in so schwerer Zeit soviel „Wärme und Heiterkeit ausstrahlt, wie kein Buch vorher in meinem Verlag". Diese Worte schrieb ich eben an Frau Ristow[99] *und an Frau Käthe Miethe sandte ich meinen „Dank für Alles und Jedes, auch für das Kleinste. – Ein kleines Buch, – gefüllt mit großer Heimatliebe". –*

Nun drücke ich Ihnen in alter Verehrung herzlich die Hand und wünsche Ihnen von Nah und Fern Zustimmung und Dank aller Ihrer Inselverehrer.[100]

---

98 [Ehm Welk, Hg.:] Autoren geben einen Verleger heraus. Peter E. Erichson. Am 4. Januar 1956 wird der Verleger Peter E. Erichson 75 Jahre. [Jubiläumsschrift]. Rat des Bezirkes Rostock 1955 [ohne Paginierung].
99 Gemeint ist Line Ristow, die Lebensgefährtin Peter E. Erichsons.
100 Peter E. Erichson an Arnold Gustavs 13.5.1952. Slg. Gustavs.

Der „Schriftsteller"

Noch bevor das Heimatbuch im Mai 1952 erschien, begann Gustavs sich mit einem neuen Projekt zu befassen, wobei zunächst unklar ist, worum es ging. Im März 1952 schreibt Käthe Miethe an Gustavs: *Dass Sie inzwischen mit neuen Arbeiten beschäftigt sind, freut mich auch sehr [...].*[101] In einem Brief Käthe Miethes vom April des gleichen Jahres, in dem auch *Frau Hauptmann* erwähnt wird, heißt es: *Jedenfalls möchte ich Ihre neue Sache gern persönlich mit Herrn Erichson besprechen, er soll sie kennen lernen, wenn er – wie hoffentlich sehr bald zu erwarten ist – wieder einmal für ein paar Tage auf dem Fischland ist. Und wenn Sie sie uns dann einmal vorlesen würden, das wäre gewiss ein Fest.*[102] Ein knappes Jahr später erwähnt Käthe Miethe Gustavs' „Erinnerungen" (an Gerhart Hauptmann) – *etwas sehr Wichtiges, Einmaliges* – worüber sie auch mit Erichson grundsätzlich sprechen werde.[103] Nicht lange danach kündigt sie ihr Kommen nach Hiddensee an: sie freue sich auf die *Hauptmann-Erinnerungen*, habe nur *die leise Sorge, Sie könnten nicht all das Wertvolle, das in dieser Beziehung Ihr menschlicher und geistiger Besitz ist, niederschreiben.*[104] Es war also nicht zuletzt Käthe Miethe, die Gustavs ermunterte, seine Erinnerungen an Gerhart Hauptmann aufzuzeichnen. Sie erschienen allerdings erst einige Jahre nach Gustavs' Tod im Schweriner Petermänken Verlag unter dem Titel „Gerhart Hauptmann und Hiddensee".[105]

---

101 Käthe Miethe an Arnold Gustavs 4.3.1952. Slg. Gustavs.
102 Käthe Miethe an Arnold Gustavs 22.4.1952. Slg. Gustavs.
103 Käthe Miethe an Arnold Gustavs 2.3.1953. Slg. Gustavs.
104 Käthe Miethe an Arnold Gustavs 24.3.1953. Slg. Gustavs.
105 Arnold Gustavs: *Gerhart Hauptmann und Hiddensee. Kleine Erinnerungen. Mit Briefen von Gerhart und Margarete Hauptmann und einem Nachwort herausgegeben von Gustav Erdmann.* Petermänken-Verlag Schwerin 1962. 2., durchgesehene Auflage 1964.

Käthe Miethe bemühte sich dann auch noch darum, Gustavs' materielle Verhältnisse aufzubessern. Im Januar 1953 schreibt sie, offensichtlich auf eine entsprechende Anfrage von Arnold Gustavs:

Ja, und nun Intelligenzkarte: wodurch ich sie selbst ursprünglich bekommen habe, weiss ich nicht, irgendwelche Leute, die sie in der Hand haben, werden wohl mit dem Finger mal auf mich gezeigt haben. Zuerst war ich dritter Klasse, dann plötzlich zweiter Klasse intelligent, was natürlich mächtig viel ausmacht, zumal auch immer eine besondere Zuteilung an Briketts damit verbunden ist, die diesjährigen habe ich zwar noch immer nur auf dem Papier, da keine da sind. Sonst habe ich auch C auf dem Grund. Mir geht die In II immer vom Schriftsteller-Verband in Rostock zu, wohin ich gehöre. Sind Sie im Deutschen Schriftsteller-Verband? Das ist wohl zuerst die conditio sine qua non. An sich bekommen nicht alle Schriftsteller als solche In, wie sie auch nicht alle Maler als solche bekommen, man muss sich wohl „intelligenter" zeigen, aber in Ihrem Falle sehe ich keineswegs ein, zumal Hiddensee diesen Erfolg hat. Ich komme Ende der Woche nach Rostock und werde Herrn Erichson fragen, ob er dabei was machen kann, aber ohne Verbandsmitgliedschaft geht es bestimmt nicht, das wäre ja aber nicht weiter schlimm, tut nicht weh, da hineinzugehen. Zu den Versammlungen gehe ich nicht hin, dazu fehlt mir einfach die Zeit, und Sie haben das hohe Alter, die abseitige Lage, die ich auch immer ins Feld führe, und zwar berechtigt. Also sehen wir mal zu.[106]

Eine Woche später heißt es in einem Brief Käthe Miethes:

Ja, Ihre In-Kartenfrage habe ich auch mit Herrn Erichson besprochen. Sobald Sie in den Deutschen Schriftsteller-Verband, Bezirksverband Rostock, Alexandrinenstr. 30, wohin Sie ge-

---

106 Käthe Miethe an Arnold Gustavs 26.1.1953. Slg. Gustavs.

hören, eingetreten sind, will sich Herr Erichson persönlich für Ihren berechtigten Wunsch einsetzen. Es bedarf also nur noch dieser Mitteilung, und dann kann nachgedrückt werden.[107]

Auf diesem Brief findet sich der handschriftliche Vermerk von Arnold Gustavs: *angemeldet z. D.S.V. 3.III.53, Gs.*[108] Mitte Februar 1953 schreibt Käthe Miethe:

Mit der Zugehörigkeit zum Deutschen Schriftsteller-Verband sind keine parteilichen Bedingungen verbunden, bisher bin ich nach derlei Dingen überhaupt nicht gefragt worden. Man weist nach, dass man „Schriftsteller" ist und legt am besten gleich zwei Passphotos bei, die kürzlich zur Ausstellung eines neuen Ausweises – meines dritten, seit Bestehen dieser Organisation – von mir angefordert wurden, und um gleich mit beiden Beinen hineinzuspringen, schreiben Sie einen kurzen Lebenslauf als Schriftsteller, mit dieser beruflichen Tätigkeit, wo man herstammt, was man so im Laufe des Lebens gelernt und getrieben hat, dieses wurde ebenfalls kürzlich von mir für die „Entwicklungskartei" der Berliner Zentrale des Verbandes erbeten, – wenn man so etwas bereits drei- oder viermal gemacht und eingesandt hat, wird es einem schliesslich zur lieben Gewohn-

---

107 Käthe Miethe an Arnold Gustavs 2.2.1953. Slg. Gustavs.,

108 In Arnold Gustavs' Mitgliedsbuch des Deutschen Schriftsteller-Verbandes Nr. 0358, das vom Ersten Sekretär des Verbandes Gustav Just und der Verbandspräsidentin Anna Seghers unterschrieben ist, steht als Datum des Eintritts der 28. April 1954. Über den Verband heißt es im Mitgliedsbuch: *Der Deutsche Schriftsteller-Verband ist die Organisation der deutschen Schriftsteller mit dem Sitz in Berlin. Er setzt seine ganze Kraft für die Schaffung einer neuen fortschrittlichen deutschen Literatur ein, die, anknüpfend an unser großes literarisches Erbe, in Inhalt und Form dem Leben dient. Es ist seine Aufgabe, die deutschen Schriftsteller bei der Ausübung ihres Berufes zu unterstützen, damit auch sie den Kampf für den Frieden, für die Einheit Deutschlands und den Aufbau der Deutschen Demokratischen Republik erfolgreich zu führen vermögen. Mitglied des Verbandes kann nur sein oder werden, wer diese Ziele des Verbandes anerkennt und literarisch produktiv tätig ist, d. h. dessen Werke nach 1945 veröffentlicht oder aufgeführt worden sind, wer am Leben des Verbandes teilnimmt und pünktlich seine Verbandsbeiträge bezahlt.* Slg. Gustavs.

heit. – Wie hoch der Beitrag ist, soll demnächst bekannt werden, schlimm kann es nicht sein, es wird gestaffelt nach den Einnahmen werden, – immerhin gehört man ja in solchen Verband hinein, es gibt dann vielleicht auch mal extra-Kohlen, ein angenehmer Gedanke in diesen Wintertagen. Ausserdem bekommt man ein Fachblättchen, aus dem man immer manches herauslesen kann. Die Tagungen, die für uns in Rostock sind, besuche ich nicht, weil ich einfach keine Zeit dafür finden kann, der Verlag bringt mich mit Aufträgen bald um, und weil die Verbindungen selbst von hier aus so mies sind, dass man den zweiten Tag auch noch dranbinden muss, und dann für mich das völlig ausgekühlte Haus![109]

Wie Reinhild Köhler-Hausmann schreibt, hatte die kurz nach der Gründung der DDR *mit starken sozialpolitischen Vergünstigungen vollzogene materielle Bevorzugung und Förderung der Intelligenz im Vergleich zum Durchschnittsbürger* – dazu gehörte die Gewährung der „In-Karte" – *das Ziel, die alte bürgerliche Intelligenz für den sozialistischen Aufbau zu gewinnen, was auf eine für den Ausbau [!] des Sozialismus an sich ungebührliche Form von sozialer Bestechung* hinauslief.[110]

---

109 Käthe Miethe an Arnold Gustavs 11.2.1953. Slg. Gustavs.
110 Reinhild Köhler-Hausmann: *Literaturbetrieb in der DDR. Schriftsteller und Literaturinstanzen.* J. B. Metzlersche Verlagsbuchhandlung Stuttgart 1984, S. 128f. Aus der Perspektive der frühen 80er Jahre schreibt Köhler-Hausmann weiter: *Die literarischen Instanzen schaffen mit ihrem undurchschaubaren, aber sorgsam abgestuften System an Stipendien, Förderungen, Studienreisen, Mitgliedschaften in Organisationen, Literaturpreisen und Renten ein Leistungsklima, in dem die Künstler immer wieder neu taxiert werden. Diese Institutionen stellen, ähnlich dem alten feudalistischen Mäzenatentum, eine Synthese sozialer Abhängigkeiten und Privilegien dar, die alle an nicht genauer definierte Bedingungen politischen Wohlverhaltens geknüpft sind. Dem Kollegium, das im Schriftstellerverband organisiert ist, werden ökonomische Konditionen geboten, die jeglichen materialistischen Klassen[-] und Schichtvorstellungen trotzen.* (S. 132).

Die Leser

Das Heimatbuch wurde bei seinem Erscheinen von vielen Hiddensee-Freunden enthusiastisch begrüßt. Käthe Rieck, nach dem Weggang Fritz Adlers Leiterin des Stralsunder Museums und über die Schwierigkeiten bei der Herausgabe gut informiert, hatte im Februar 1952 an Arnold Gustavs geschrieben:

> *Wir warten alle schon sehnsüchtig auf I h r Hiddenseebuch. Sehr, sehr gerne würde ich natürlich einmal das Original-Manuskript später lesen dürfen.*[111]

Zwei Wochen nach dem Erscheinen des Buches schreibt sie an Gustavs:

> *Natürlich stören gerade bei einem so echten, in langen Jahren gewachsenen Buch die unechten Töne besonders, aber wir wollen froh sein, daß es uns überhaupt geschenkt wurde.*[112]

Das Buch ist auch in der Presse besprochen worden.[113] Eine für „Die Zeit" bestimmte bemerkenswerte Rezension des emeritierten Hamburger Indologen Walther Schubring[114] konnte nicht erscheinen – das Blatt lehnte eine Veröffentlichung ab mit der Begründung, *es könne ein Buch nicht anzeigen, das bei uns nicht*

---

111 Käthe Rieck an Arnold Gustavs 16.2.1952. Slg. Gustavs.
112 Käthe Rieck an Arnold Gustavs 2.6.1952. Slg. Gustavs.
113 Rezensionen sind nachweisbar in der „Thüringischen Landeszeitung" v. 19.6.1952 (freundliche Mitteilung von Uwe Klaus, Archiv der „Thüringischen Landeszeitung", Gera), im Rostocker CDU-Blatt „Der Demokrat" v. 19./20.7.1952, in der „BZ am Abend" v. 9.8.1952, der „Berliner Zeitung" v. 13.9.1952, der vom Kulturbund herausgegebenen Monatsschrift „Natur und Heimat" 1. Jg. (1952) Nr. 7, im „Neuen Deutschland" v. 30.9.1953 und in der „Berliner Zeitung" v. 16.1.1954.
114 Walther Schubring war mit seiner Ehefrau Clara 1935 und 1937 jeweils drei Wochen Sommergast im Hiddenseer Pfarrhaus. Gästebuch Gustavs. Slg. Gustavs.

*zu beziehen sei.*¹¹⁵ In dieser Besprechung, die Schubring dann als Manuskript an Arnold Gustavs schickte, heißt es u.a.:

*Doch wir haben es nicht mit einem jener gutgemeinten, aber dilettantischen Produkte zu tun, deren die in die Insel nur Verliebten mehrere erzeugt haben. Hier spricht der Sachkundigste aus der Erfahrung von sechs Dezennien und aus jahrelangem Studium der älteren Quellen, also aus der Verschmelzung von wissenschaftlichem Geist und persönlichem Erleben, und dies letztere nicht in lyrischem Fürsichsein, sondern wesentlich für seine Inselleute, die er durch fünfundvierzig Jahre als ihr Pastor in Leben und Sterben betreut hat, ihrer Seele und Sprache stammverwandt, mit feinem Humor begabt (der auch den Zeichnungen von Eggert Gustavs innewohnt), und sich beugend vor dem göttlichen Atem der unvergleichlichen Natur.*¹¹⁶

Wie zu erwarten war, erhielt Arnold Gustavs viele lobende Zuschriften von seinen Lesern. In einem Brief des nach seiner Pensionierung in Lietzow auf Rügen lebenden ehemaligen Bergener Superintendenten Ferdinand Gnade heißt es:

*Es gibt ja eine ganze Fülle von Hiddenseebüchern, die wir immer zur Hand haben. Aber Ihr Buch ist nicht Geist über Hiddensee, sondern Geist aus Hiddensee. Deshalb wird es alle, die kommen wollen, anziehen und, die einmal da waren, wieder hinziehen.*¹¹⁷

Im Eingangskapitel „An meine Leser" sagt Arnold Gustavs über sein Heimatbuch, es sei ein *Hoheslied der Liebe* zu Hiddensee, und er bekennt später, daß er sich seine *Liebe zu diesem Lande*

---

115 Walther Schubring an Arnold Gustavs 18.7.1952. Slg. Gustavs.
116 Walther Schubring an „Die Zeit", Hamburg, 3.7.1952. Typoskript (Durchschlag). Slg. Gustavs.
117 Ferdinand Gnade an Arnold Gustavs 9.6.1952. Slg. Gustavs.

von der Seele schreiben wollte.[118] Das mag pathetisch klingen – doch es ist die innige Beziehung zu Hiddensee und seinen Menschen, von der das Buch lebt. Das haben seine Leser gespürt und nicht wenige zum Ausdruck gebracht, am anrührendsten wohl eine alte Frau aus Neuenkirchen, die sich noch daran erinnerte, wie Arnold Gustavs *als Pinäler* nach Greifswald zur Schule ging: das Buch ist geschrieben – so steht es in ihrem Dankesbrief – *aus Herzensneigung.*[119]

---

118 Vgl. Gustavs' S. 189ff. wiedergegebenen Beitrag in der Jubiläumsschrift zu Peter E. Erichsons 75. Geburtstag.
119 Martha Lindt an Arnold Gustavs 4.10.1953. Slg. Gustavs.

Editorische Anmerkung

Arnold Gustavs' Heimatbuch „Die Insel Hiddensee" erschien 1952 im Rostocker Carl Hinstorff Verlag, in dem es bis 1959 neun Auflagen erlebte. Es war illustriert mit einundvierzig Zeichnungen von Eggert Gustavs, einem Sohn des Autors. Zwischen 1980 und 1991 brachte die Evangelische Verlagsanstalt Berlin (EVA) vier Auflagen heraus, in denen der Text bearbeitet ist und die Graphiken (bis auf drei) fehlen. Zwei Nachdrucke der letzten EVA-Auflage erschienen 1993 und 1994 als fünfte und sechste Auflage im Gustavs Verlag Joachimsthal. Insgesamt sind in den genannten fünfzehn Auflagen über 100.000 Exemplare des Buches gedruckt und verkauft worden.

Die hier vorgelegte Neuedition gibt den unveränderten Text der letzten noch zu Lebzeiten des Autors erschienenen Auflage von 1956 wieder. Sie enthält alle Zeichnungen von Eggert Gustavs und ist in der gleichen Weise wie die ursprünglichen Hinstorff-Ausgaben gestaltet. Offensichtliche Schreib- und Druckfehler wurden stillschweigend berichtigt. Bibliographische Angaben und die meisten Zitate sind überprüft und gegebenenfalls korrigiert oder ergänzt. Die S. 71 zitierten Fischereiakten und die S. 118f. und 122 zitierten Schulakten waren nicht zu ermitteln, die entsprechenden Passagen sind folglich nicht verifiziert. Der S. 61f. wiedergegebene Passus aus der „,Stralsundischen Zeitung' vom September 1785" weicht so sehr von einem entsprechenden Text in der Ausgabe des Blattes vom 27.9.1785 ab, daß dieser nicht als Vorlage für das Zitat angesehen werden kann, weshalb es nicht korrigiert wurde. Offensichtlich hat Arnold Gustavs eine andere Version des Textes vorgelegen. Zu dem S. 48-52 wiedergegebenen Text des Schaproder Pastors Laurentius Maneke ist anzumerken: Der letzte Satz ist hebräisch geschrieben und ein Zitat aus 1. Samuelis 7,12. Das dreimal vorkommende *Feüerenholtz* hat Arnold Gustavs *Fürenholtz* gelesen, den Rügener Ortsnamen *Losentiz* (heutige Schreibung *Losentitz*) irrtümlich *Losenitz*. Sonstige Lese- und Abschreibfehler wurden wie bei den anderen kollationierten Quellen stillschweigend berichtigt. Die Abkürzung *ß* ist bereits von Arnold Gustavs *Schilling* ausgeschrieben. Die von Maneke erwähnten Schaproder Geistlichen sind: *Heinrich (Joachim?) Strutenberg, Johannes Döbel, Jacobus Tesnow, Arnoldus Sledanus, Henricus Kemna* (nach Hellmuth Heyden: *Die evangelischen Geistlichen des ehemaligen Regierungsbezirkes Stralsund – Insel Rügen*, Greifswald 1956, S. 116f.).

Die im „Nachwort des Herausgebers" wiedergegebenen Dokumente sind in ihrer ursprünglichen Rechtschreibung und Interpunktion belassen und sprachlich nicht geglättet. Offensichtliche Schreib- und Tippfehler wurden auch hier stillschweigend berichtigt.

Der Herausgeber dankt dem Hinstorff Verlag Rostock sowie Johanna Wihan (Wustrow) und Jutta Lindt (Melchow) für die Erlaubnis zur Veröffentlichung im Nachwort wiedergegebener Briefe und Briefstellen. Bei einigen Briefschreibern konnten Rechtsnachfolger nicht ermittelt werden.

Ein besonderer Dank gilt Dr. Dierk Rodewald und Dr. Andreas Lohr (Berlin) für wertvolle Anregungen und manchen fachkundigen Rat bei der Arbeit an dieser Neuedition.

Owe Gustavs

Reichsgottesdienst
auf Hiddensee 1933–1945

Arnold Gustavs – Inselpastor im Dritten Reich

Nationalsozialistisches in pommerschen Kirchenblättern und dem Jahrbuch »Auslanddeutschtum und evangelische Kirche«

Eine Dokumentation

Am »Fall« des Hiddenseer Pastors Arnold Gustavs (1875–1956) führt die Dokumentation vor Augen, wie die evangelische Kirche in Pommern den NS-Staat stützte und wie pommersche Pastoren NS-Ideologie in ihre Gemeinden trugen.

Dokumentiert werden im ersten Teil des Buches die Haltung von Arnold Gustavs – und anderen (pommerschen) Kirchenleuten – zum Ersten Weltkrieg, zur Revolution 1918 und zur Weimarer Republik, Arnold Gustavs' – bis Schweden reichende – (kirchen)politische Aktivitäten 1933–1945 sowie das Bestreben der Pommerschen Evangelischen Kirche auf Hiddensee, ihre NS-Vergangenheit zu vertuschen. In mehreren Exkursen sind u.a. Dokumente zur Judenfeindschaft auf Hiddensee zusammengestellt sowie Briefe der 1944 hingerichteten »halbjüdischen« kommunistischen Widerstandskämpferin Judith Auer an die Hiddenseer Pfarrersleute erstmals veröffentlicht.

Im zweiten Teil des Buches wird u.a. am Beispiel von drei pommerschen Kirchenblättern belegt, wie die evangelische Sonntagspresse das Kirchenvolk im Glauben an den Nationalsozialismus und den »Führer« bestärkte und zur »Loyalität« gegenüber dem NS-Staat anhielt.

Das Buch wird helfen, die längst fällige öffentliche Diskussion über das Zusammenwirken der pommerschen Kirche mit dem NS-Regime in Gang zu bringen.

Edition Andreae Hiddensee, Berlin 2008, 2., durchges. Aufl., VI, 459 S., ISBN 978-3-939804-41-3, € 29,80